恋愛脳

男心と女心は、なぜこうもすれ違うのか

打造戀愛腦

〈男女關係學必讀〉

以戀愛腦作為武器，當個愛情大贏家

Kurokawa Ihoko

黑川伊保子

周天韻——譯

目次

前言

打造戀愛腦，男女關係學必讀

如果您是女性，一定有過心想：「男人，為什麼這麼遲鈍？是笨蛋嗎?!」氣到跺腳的時刻。

如果您是男性，應該也曾因為納悶：「女人，到底為什麼這麼情緒化？」而感到不可思議。

男人女人，因為腦的構造不同，對事物的觀點與感受方式也大相逕庭。拜此所賜，為對方著想而做的事情，往往會出現反效果。例如，男人的誠意可能會給女人帶來傷害；而女人的親切，可能會讓男人覺得囉嗦，這些現象成了家常便飯。男女之間是如此不同，幾乎令人發噱。

即便如此，由於我們人類擁有動物界中最強大的語言能力，正因為語言相通，就誤以為男人與女人所見相同，感受的方式也一樣。不，這都是錯覺。

舉例來說，當男人說出「我愛妳」，在男人的腦中，不過是與對方做了「我會不斷回到妳身邊」的約定；而女人的大腦，則會因此深信自己得到了「一天二十四小時，你都會以我為優先」的終生約定。這當然也是因為女性的「我愛你」代表的就是這個意思。

女人，即使社會地位再高，或是身為背負龐大責任的職業婦女，她的另一半或孩子從來不會從她的腦海中消失。在女人一從工作的專注狀態中解放的瞬間，便會思忖另一半或孩子現在過得如何，也會因為「沒有把他／她放在第一優先」而感到愧疚。在女人的有生之年，大概一直都會是如此的狀態。

因為如此，女人對於男人所說的「工作中不去想女朋友或家人的事，是理所當然」這種理論，根本無法理解。

因此，女人才會因為男人的這種漠視（也不主動聯絡）、把工作或職場上的人際關係視為優先的行為而深感受傷。也因為心理受傷太深，幾乎連責問對方都做不到。

忍耐再忍耐，結果最後就變成「太過分了，工作和我哪一邊比較重要？」這種還算溫和的抗議，但是男人面對這種指責，卻完全無法認同。如果是交往經驗不多的男人，甚至會覺得：「妳是不是腦袋有問題啊？」不把對方當一回事。女人因此覺得自己被辜負而哭泣，這時男人多半是無言以對。同樣的情況若持續發生，女人開始情緒不穩，男人也會被觸怒。

沒過多久，女人最後會展現出壯烈的決心離開男人，男人則因為覺得麻煩而退避三舍……無論是何者，受傷的永遠是那個認真解讀「我愛妳」這句話的女人。

說實話，從男人這邊的角度而言，覺得自己還真是可憐。只是隱隱約約感到自己像是這段感情的加害者，做了讓對方不幸的事。然後，男人就會說出「我希望妳生活開心，因為我無法讓妳幸福，很抱歉」或是「祝福妳，下一段感情一定要更幸福喔！」，而女人聽到這種話，只會滿腔怒火，「真的這樣認為的話，你倒是讓我幸福啊！」遇到像這樣隨口說出無用的道歉，男人啊，還真是令人火大！

不過呢，男人們其實並不懂自己到底哪裡做錯了。因為，我不過是承諾妳「會回到妳身邊」，而且一直以來，我也確實都做到了啊。

就像小學生去上學，他不會有任何打算。例如，「為了將來，這是必要的……」、「因為喜歡……」等等理由，他們並不會一一細想這些理由。其實男人的愛就像這樣。

學校也不會辜負這些小學生。「你好像不喜歡這間學校，既然如此，今天的餐點就沒有你的份了。」沒有一個小學生會聽到這樣的話。每天去學校，教室裡都有屬於自己的位置，總是有美味的餐點可以享用。在男人想像中，女人的愛也應該是如此。

然而，女人認為的「小學」卻時常擅自試探男人的心。在男人意料不到的時候說他「沒誠意」，隨性把他的椅子放在教室外面，更過分一點的時候，連椅子都不讓他坐。女人的「小學」，有點過分了。

像這樣，只要稍微從對方的立場想一下，不覺得兩方其實都很可憐嗎？沒有哪一方是錯得離譜的。但是，大多數男（女）只會認為：「這個女人（男人）真過分。」其實不管是哪一方，當下都還是愛著對方的。

也就是說，男女大腦的不同與錯覺，可以化為浪漫關係的引信。男女之間，擁有彷彿能穿越時空、相互體諒的溫柔夜晚，也存在著永遠背道而馳的早晨。不過，人生如此漫長，把這些背道而馳或錯覺視為命中注定的愛情，有時哭有時笑，好像也不錯。

話說回來，若能理解男人心與女人心的不同，人生會變得輕鬆許多。你／妳將會成為愛情達人，多年來視為孽緣的冤家看起來會順眼許多，你／妳也可以讀懂兒子或女兒的心情、鼓舞職場上的後輩，甚至是看懂市場的景氣動向。

在這個世界上，許多人生的愉快感受都是由男女關係所創造的。這門凝視男女差異的男女關係學，請務必要當成身為人類的必修科目。

女人心

男人與女人，
到底誰付出的愛情比較深呢？

戀愛腦指南

只要還喜歡對方，
女人就會每天和男人上演「喜歡嗎？」、「當然喜歡啊」的對白。

「和我在一起，開心嗎？」

我最愛的男人，到今天為止被我問過幾次這個問題呢？

一開始，他會以開心的表情表達首肯。漸漸的，會用有點促狹的語氣說：「嗯，我想想。」或是以「那妳呢？」來閃避話題。

在撒嬌的狀態下，聽到「嗯，我想想」的時候實在很受傷，我還記得當時對這段感情，我真心覺得後悔。

但，認真想想，男人對於「重複固定的肯定」這件事，實在不擅長。他們或許會配合演出，但誰會需要這種無心之論呢？女人，對於這種聽到昭然若揭的答案，只不過是像舔水果糖一般，想要享受糖果在舌頭上來回滾動的感覺而已。

女性朋友之間，「妳染新髮色了？真好看」、「真的嗎？」之類的對話，重複上百次也不會厭倦。「妳的頭髮好看，很襯妳的膚色」、

「呵呵，真難得，還會說好聽話」，像這樣，同一句讚美的變奏曲，她們永遠不嫌多。

所以，只要還喜歡對方，女人就會每天和男人上演「喜歡嗎？」、「當然喜歡啊」的對白。

以男性讀者為主的雜誌，偶爾會出現一類有點搞笑的文章，像是「如何分辨女人是否真正達到高潮」。其實，男人若想要知道自己床上表現如何，根本不用大費周章去確認女人的背筋是否緊繃、瞳孔的放大程度如何等等，只要隔天早上能聽到「你愛我嗎？」、「我不在的話，你會無聊嗎？」、「早上幫你煎的蛋好吃嗎？」類似這種幼稚、答案也只有一種的問題，大概就沒問題了。這表示，這個女人已經為你傾倒。而且，她心情很好。

另外，若現在正在讀這段文字的讀者是男性，有一件事最好銘記在心：只要女人還在品嘗這種固定答案的「水果糖」，她就會慣性地在對方身上感到愉快，而當女人厭倦這個回答她問題的男人時，她根本就不會開口問，因為這個男人對她來說已經無所謂。女人的大腦就是這麼可愛。

歐美的男人，之所以頻繁地對另一半輕聲細語說「愛妳呦」、「妳真美」等情話與讚美，就算沒有被問，也會主動說出，並不是因為他們比亞洲男人更愛自己的女人。他們也是一樣的男人腦，怕麻煩的人多得是。唯一不同的是，他們知道對女人甜言蜜語會讓這個一起生活的人保持心情愉快。

關於狩獵民族女性的自我主張，沒有必要與農耕民族的女性相比。當另一半的心情明顯不開心，你的日常生活也會跟著停滯。比起日本男人，歐美男人因為和伴侶相處的時間更長，提早得到了這個領悟。不信的話，去義大利街上看看義大利男人吧，一個人用甜言蜜語照顧了滿街的女人。

順帶一提，當男人被問到「你愛我嗎？」，最好專心回答自己有多愛。也不要在回答前反問：「那妳呢？」

女人經常思考這類命題，視當場狀況如何，她可能還會把這情境過程、結果拿來與前男友比較。女人這種動物，就是會翻出過往男人的「美好回憶」，並拿來與現在男伴「不美好的回憶」相比。現在進行式中的男人通常是吃虧的。

我最愛的男人，也經常踩我地雷。他是個喜歡故意唱反調的人，只要花三秒鐘說一句「當然愛啊」就能解決的事情，這個人硬是不肯說，來回要耗掉三十分鐘。

而我呢，即使知道事情會這樣演變，還是要開口問他。因為，如果不這樣餵養我的女性腦，一個不小心，我對他的愛可能就不見了。一個不小心，會失去這個過於認真的好男人。所以，我一直追問，四次中有三次會情緒激動，在我身旁的他，則是一副不解我為什麼要問這種無聊問題的樣子。即使如此，即使只有四分之一的機率會得到「水果糖」，對我的女性腦都是不可或缺的。當然了，這不是為了我自己。它就像是一種中樞神經興奮劑，服用後能維持我對他的愛，都是為了他。

話說回來，我的男人最近也變了。

「和我在一起，你開心嗎？」

「嗯，很開心。」

對於我的問題，他會這樣回答，再送我一個誇張的比讚手勢。而所有的言外之意，都寫在他臉上：「如何，這樣沒話說了吧？這個無聊的問題可以結束了嗎？」

就算是這樣，我還是會因此感到放心，當女人想要享受甜言蜜語時，男人的真心如何一點都不重要。心情不用很甜蜜沒關係，但就是要聽到甜蜜的話。女人，也有這樣的時刻。

再來，如果是個性謹慎、無法隨意問出「和我在一起開心嗎？」的女人，想要的則是更複雜一點的「甜言蜜語」。對於男人的不老實，先是理性追問，最後嗆明：「一直吵這些沒意義，我們還是分手吧。」這樣的女人，其實是在說：「你為什麼不會說『我投降了，妳不要生氣好嗎？我之後都聽妳的』。」

「吃我做的菜吃了十幾年，什麼都沒說，你倒是說看看好吃還是難吃啊！」當然，如果是聽到這種疑似會掀起中年離婚序幕、累積一生怨言，「妳煮的菜是我生活的原動力，就算工作失意迷惘，只要能喝到妳煮的湯，我就覺得活著還有希望。我每天都很感謝妳，謝謝。」男人也要像這樣回報一輩子額度的甜言蜜語才行。

男人，不用被女人的心情左右，對於她的指責也不用一一辨明，只要能說出「對啊」、「最愛妳了」這樣的甜言蜜語就夠了。請記得，女人的煩人，正是她還愛你的證明。

女人若是放棄一個男人，只會冷淡地提出分手。女人的大腦並不擅長從結論說起，例如，傍晚的大吵，起因可能只是早晨餐桌上的一句話。不可思議的是，緊急的時候，如果能用一句「真拿妳沒轍」來解圍，你的女人今天一定不會放棄你。只說結論，簡單說明理由後，便保持沉默。長久以來，男人都是像這樣說完結論後就不搭理對方，如今要求他給個讓人心服口服的說明，在這種從結論開啟的對話脈絡中，無論多麼喜歡對方，女人都無法從男人口中聽到她想聽的話。

所以，抱怨也好，歇斯底里也罷，或是甚至做出分手宣言，女人一而再的發言，不過都是在要糖果。就是這麼簡單。

然而，這樣的甜言蜜語，對男人的大腦而言，他們就是無法順利說出口。這裡提供一個小訣竅，如果你對於戀人的強求已經感到厭煩，請先給對方一點糖果吧。就像歐美的男人一樣。如果說「我愛你」太害羞，那說一句「謝謝」也很足夠。

對戀人講道理的女人，不存在於這個世界，女人只有因為聽不到甜言蜜語而暴動的大腦。差別只在於，有的女人用撒嬌的方式來索取，有的女人用怨言來控訴，有些女人裝作不關心，有的女人跟你說道理。有的女人需要從周遭多數的男性中聽到這些話，有的女人只對某個特定男人的甜言蜜語感興趣。有的女人三不五時要聽一次，有的女人一生只有一次請求。

女人需要的「糖果」，有的時候也不是以對話形式出現。有些女人需要的是男人能順從她的斥責或命令。有的女人想要的是男人那種無法獨自生活的邋遢樣子，沒有她的話，就連內衣褲都不知道放在哪裡。

所謂女人的戀愛觀，端看她想要的是哪一種「糖果」，這麼歸類也不為過。

我個人呢，對於「糖果」雖然比較偏向「偶爾享用一丁點」的類型，但偶爾也會想要「我知道了，對不起，對不起，我知道妳最好了，不要生氣了好嗎？」這種「對方全面投降」口味的巨大糖果。這時我就會搭配理性勸說，給對方下達最後通牒。此時此刻，我這邊也是在搏命，因為若是對方回答「好啊，那就分手吧」，我可就無路可退了。

正因為如此，拿到那種巨大糖果的日子通常會讓人有點恍惚，妳會每天都想要拿出來舔一下，回味那種甜蜜滋味。

女人心真是奇妙。對於男人的真心，有時拼上一切也要聽到，有時候意外地又很享受言語上的調戲。就算擺明的是謊言，只要過程美好就可以原諒。回想起來，當我逞口舌之快隨便說出分手的話，也發生過對方聽了無感，兩個人就此告別的故事。所謂為了聽甜言蜜語而奮力一搏，就是這麼一回事。

男人，把每天回去同一個女人身邊，這種無須言語的承諾叫做愛；而女人，則把日日都能聽到的愛的語言叫做愛。兩者之間交換的「愛的誓言」完全不同，難怪對方聽不懂。

不僅如此，女人把說話也當作一種愛的行為。男人啊，如果你老婆今天回家，分享或抱怨的事情毫無重點，這可不是感到厭煩的時候，對於「老婆今天也依然愛我」這件事，要感恩啊。

在很久很久以前，我曾經對一個很愛的男人，這樣淚眼汪汪地撒嬌：「你到底還愛不愛我？愛的話就要表示啊！」

「我之前不是說過了，一輩子。」男人的怨言很冷靜。

「什麼？」

本來沉溺在浪漫氣氛的我感覺跌了一跤，連聲音都變了。

在那之前，我曾經對他說過這樣的甜言蜜語：「我會一輩子陪在你身邊。」然後為了聽到一樣的話，我反問他：「你呢，會一輩子喜歡我嗎？」當時他的回答是：「嗯，一輩子，我們應該就會這樣過下去吧。」

我向他確認是否是指這件事，他點了點頭。等一下！反擊前我先伸展一下背肌。面對這個面無表情的人，我表示這一切並不是數學公式，一開始說了「一輩子，喜歡」就以為這件事一輩子有效。說什麼呢！對女人來說，一輩子愛你的這個約定，是約好了要一輩子一直說「我愛你」。想偷懶是不行的。

說完了我的主張，他的那句「嗯，一輩子」在心中不斷發酵，越來越沉重。我將落淚的臉龐撇了過去。女人年過四十，對於男人的誠意，竟然經過這麼多年才懂，我對此感到羞愧，也不想讓他看見。

隨後，我猛然發現，等等，我也發誓過「我會一輩子陪在你身邊」，這表示我對他做了一輩子的承諾？

對於我的破綻，他冷笑了一聲，最後補了一槍：「妳自己答應了要一輩子在一起，還敢傳訊息對我下最後通牒啊。」

男人與女人，到底誰付出的愛情比較深呢？

當個愛情大贏家！掌握戀愛腦，就能操控對方的心

- 女人的煩人，正是她還愛你的證明。
- 對女人甜言蜜語，會讓這個一起生活的人保持心情愉快。
- 當男人被問到「你愛我嗎？」，最好專心回答自己有多愛。也不要在回答前反問：「那妳呢？」
- 如果你對於戀人的強求已經感到厭煩，請先給對方一點糖果吧。就像歐美的男人一樣。如果說「我愛你」太害羞，那說一句「謝謝」也很足夠。
- 對戀人講道理的女人，不存在於這個世界，女人只有因為聽不到甜言蜜語而暴動的大腦。

男人心

「我們，好像進入倦怠期了？」
「那妳呢，妳膩了嗎？」

戀愛腦指南

只要身邊這個女人開心，
他就會受到這份開心感染，也因此感到開心。

「我們，好像進入了倦怠期？」

我和最愛的男人有個默契，我們會讓彼此擁有私人時間，這樣交往模式已經行之有年。在這個屬於兩個人的小小紀念日早晨，我們一起去咖啡館，不經意間，我吐出了這麼一句話。

我們二人，不論是誰，都對分享生活瑣事沒什麼興趣，可以算是相當安靜的一對情侶。我們可以接受的，是在這樣短暫的時光中安靜輕觸對方，淡淡的聊天。

在真實的日常生活中，我一直與「概念的他」相伴，像這樣能夠觸碰到健康的真實肉體的日子，每每還是會感動一下。而他的反應也是如此，待我就像一個純真的少年。

在百無聊賴的日常，我們可能會像這樣，偶爾因為對方的存在而產生強烈情感，感到踏實安心。來到四十歲，進入倦怠期的情侶關係，可能會像這樣平淡地永遠持續，也可能到了明天，便覺得一切都沒有意義，愛的感覺消失殆盡。

即使如此，我還是喜歡這樣的戀愛生活。從小，我就喜歡那種彷彿慢慢放下一切，悠閒走在下坡路的感覺。如果是季節，我喜歡的是十一月，滿街落葉的風景。

嗯，話是這麼說，但對方又是怎麼想的呢？我忽然產生疑問，便問了文章開頭的那句話。

「我們，好像進入倦怠期了？」

這個我最愛的人，此時的表情就像在說：「又來了……」

「那妳呢，妳膩了嗎？」

這個人，總是喜歡用問題來回答問題。遇到關鍵時刻，絕不會自己先說出最後的答案。

「沒有，我只是想知道你是不是膩了。」

我用溫柔的語氣，再度拋出問題。

「膩了。如果我這麼說，妳打算怎麼做呢？」

他再度丟回問題。

我認真考慮了一會兒，把心中浮上的答案原原本本地說了出來。

「我不在意。」

「哈哈哈。」他好像心情很好一樣地笑了出來，對我說，「妳長大了。」語畢還摸了摸我的臉頰。

我不會在意。

對於我的這個答案，他好像開心接受了，然而我的心情也很愉快。

之前的我，對於這種轉移話題的回問，大概會感到不悅吧。而且面對帶著笑意說的那句「膩了。如果我這麼說，妳打算怎麼做？」，我也會繼續咬牙切齒地追問：「是我先問的，轉移話題一點都不酷，又不是小孩子吵架！」

這是因為，當他回答「如果我說膩了呢？」時，我已經不自覺地認真想像了他如此告白：「對，我膩了。」後來，我發現其實自己並不在意這件事。

對，不在意。即使他不小心說出：「對不起，我有點膩了。」我應該也不會在意吧。我不在意，所以下週我們繼續約會吧！我不在意，所以心情很好，可以繼續待在他身旁。

為什麼？因為，男人這種動物，即使對於兩人共有的時間或空間感到有些厭倦，也不會對身邊這個女人感到厭煩。男人的腦，在功能上面對「自己的心情」就是這麼遲鈍。只要是曾經情投意合的伴侶，這個女人還陪伴在自己身旁，男人就不會主動對這個女性感到厭煩。

而對於以「自己的心情」為一切中心的女人腦看來，雖然簡直難以想像，但男人的大腦設定就是如此，在不認識「自己的心情」的狀態下，活到今日。

男人的大腦設定使然，只要身邊這個女人開心，他就會受到這份開心感染，也因此感到開心。女人的情況則是，如果不喜歡的男人繞在自己身邊，又毫無來由地陪笑，會感到不舒服也不愉快。但男人不是這樣。男人和女人，若要比較主動討厭的異性人數，女人絕對會獲得壓倒性勝利。只要教養和年齡沒有太大差距，外表也還不錯的女人開心地待在自己身旁，男人就會感到開心。

男人被女人吸引後，如果剛好又發情，一時之間，他就會打從心裡認為自己真心愛這個女人。當另一半為了某事態度極度嫌惡，儘管男人心裡感到不解，不夠堅定的時候或許會一時感到厭膩，但只要一夜過後，明天又是一條好漢，忍得下去。忍得下去的話，就不到分手的程度。在觀望中，女人若心情變好了，男人也就沒事了。

以上這過程來回循環幾次，大概就是一般男人的一生。對於這個永久的迴圈，男人並無法自發性地脫離。就算是在別的地方為了其他女人著迷，被吸引走了，也只是，嗯，進入了另一個迴圈。

男人在這個循環中，隨著事業上的成敗與喜憂，逐漸老去。對他們而言，會累積的東西不是愛，是工作成果。這也是為何男人會如此執著於事業頭銜。

男人的喜惡大抵會像這樣，依附著當下情況的「心情」起伏而定。他們與女人那種「不管發生什麼事，我都喜歡你」貫徹到底的心情，截然不同。

舉個例子。假設現在有一對交往中的未婚男女，女生動了結婚的念頭，我們假設二人都沒有其他優秀的候補人選，此時這個男人，只要在交往的一個月裡，對情人感到厭煩的日子不超過一半天數，他大概就覺得可以結婚。很不幸地，男人決定結婚的理由，純粹是考量自己收入是否足以維持家庭，或是這個女人是否能當個好妻子，絕不會是像女人一樣想到什麼「命運的紅線」。

所以了，女人啊，對於自己喜歡的男人，真的不用太在意他的心情。就算他對妳說「膩了」，你也不用因此卻步。

男人呢，其實就是這樣，每天回家，上繳薪水，為小孩慶生。對於自己是否膩了的這個問題，想都沒想過。就像小學生一樣，每天上學也不會有任何疑問。

當聽到妻子問他：「你愛我嗎？」只要妻子不是太白目地在錯誤時間發問，先生通常都能反射性回答：「愛。」但若是對方繼續追問：「有多愛呢？你舉個例！」男人大概就沒轍了。喜歡我什麼？有多喜歡？對於這些問題，男人的大腦想都沒想過，就算想了也找不到答案。雖然聰明的男人可能會這麼說：「當然是全部啊。」

換言之，男人的心情不存在這個世上。正確一點的說法是，女人認為的那種「心情」，並不存在於男人的大腦中。我們女人，對於「今天我的心情如何」說再多也不厭煩，對於目前的男友哪裡喜歡、哪裡不喜歡，對於自己的工作哪裡得意、哪裡失意，對於今天一天過得開心或難過，對於明天何事期待或意興闌珊，像這樣漫無邊際可以喋喋不休的「心情」故事，並不存在於男人的腦中。

這也是為什麼男人被問到這類問題時會不知所措，例如：「你喜歡我什麼？」、「這個髮型適合我嗎？」、「今天被人家說很美，你也這麼覺得嗎？」、「工作和我，哪個更重要？」

若是這樣接二連三發問，大概就會聽到男人們小聲發出：「嗯……」這就和你去問女人的年齡或體重一樣，因為被問到不存在（或不該存在？）的事，純屬虛構，沒有回答的必要。

女人，會和女性朋友們推心置腹地分享心情。女人會暢談對方之於自己的意義，撫慰彼此的悲傷，見證彼此的幸福，細數今後將發生的未來。

女人，因此傾向認為和男人之間也能進行類似的對話，但妳最好認清這種對話永遠不會發生在男人身上。他們的大腦，沒有這樣的機制。

我最愛的男人也是如此，無論他喜歡我的什麼，或是和我共享了一段時光，他也不曾跟我認真分享在他心中化解過什麼悲傷，燃起過什麼希望，或是今後的行動等等。

啊，說到這裡，我想起他之前對我說過這樣一句話。

「對妳來說，『重要的人』還真不少啊。」

那是我在關於自己的人際關係的對話中，不只一次使用了「重要的人」這個形容的時刻。我沉默了。

「我的人生，並不在於和符合『重要的人』一詞的人建立人際關係。這是我刻意追求的結果。大概是因為，我並不覺得依附他人這件事是正確的吧。」

雖然在談自己，卻像個評論家一樣，彷彿在分析別人，但我今日才明白，這就是他人生中少見的，接近「心情」的告白吧。

「對我來說，只有妳黑川伊保子算得上吧。」

他輕聲加了這一句。一定是因為我滿臉寫著「請這麼說吧」的模樣。他的表情，就像一個爸爸在給小女兒玩具一樣。

那是關於我們二人的起點。從那之後，我也不再輕易說出「重要的人」這句話。

「妳，很重要。」這句話對於男人的大腦來說，大概接近於能維持一生的心情。在我認為他離我很遠、對於這段關係沒有信心的夜晚，這句話一直照亮我的內心。

男人對於心愛的女人，要不吝說出這樣一生受用的話。因為女人是會因為言語而感到療癒的動物。女人會藉由不斷回想它，再度喚起自己對於那個男人的愛。在交往多年之後，這些話會比大顆鑽石還更有效果。在考慮離婚的時候，沒有女人會去緬懷鑽戒的克拉數，卻會因為想起多年前的那句「妳，對我來說是重要的人」，而感到微微的哀傷。

當個愛情大贏家！掌握戀愛腦，就能操控對方的心

- 喜歡我什麼？有多喜歡？對於這些問題，男人的大腦想都沒想過，就算想了也找不到答案。
- 男人這種動物，即使對於兩人共有的時間或空間感到有些厭倦，也不會對身邊這個女人感到厭煩。男人的腦，面對「自己的心情」就是這麼遲鈍。
- 女人認為的那種「心情」，並不存在於男人的大腦中。這也是為什麼男人被問到這類問題時，會不知所措。
- 「妳，很重要。」男人對於心愛的女人，要不吝說出這樣一生受用的情話。因為女人是會因為言語而感到療癒的動物。

成熟女人的必備品

不主動傳訊息、約會沒計畫、
不懂得讚美、
鬧彆扭也不會主動和好……
對男生來說都是不重要的小事。

戀愛腦指南

關於戀愛，女人的致勝關鍵詞，
既不是美貌也不是年輕，而是「不在意」。

我十一歲的兒子，有一個和他同穿一條褲子長大的超級好朋友。這兩兄弟從一歲的托嬰中心時期開始，就從小玩在一起長大。

兩個人的性格截然不同，我卻從未見過他們吵架。因為一個人的缺點，對另一個人來說卻是優點。當他們二人在一起，我兒子的我行我素變成了可靠，友人兒子的負向思考，也變成了考慮周詳。他們會聽取彼此的意見，擅長和大人打交道的兒子，遇到同儕間的紛爭，會將交涉交給兄弟姐妹較多的另一方。到六歲為止，這兩個人都還說著即使將來結婚，也要一輩子在一起。

七歲的時候，聽說這個容易鑽牛角尖的少年，對我兒子說了這麼一段話。

「如果我們都變成大人了，會去探險吧，如果就這樣分開，你要怎麼找到我？」

我的兒子信心滿滿地回答他：

「不管發生什麼事，我都會找到你的。不管是用人工衛星，還是手機。」

兩個男孩子意識到對方將會踏上屬於自己的冒險旅程，而產生的一段對話，這讓我覺得這兩個人的關係好耀眼。

如今，兩個人的學區隔了一條大馬路，各自上了不同的小學。維持一個月一起玩一天的遠距離關係。即使如此，兩人只要見面就會靠在一起玩一個叫做「宇宙都市」的遊戲。（這是個歷經數年，在我家兒子床鋪上的共同作品。拜此所賜，兒子這五年來都沒有在自己的床鋪上睡過。）

好了，交情如此深厚的兩個人，講起電話來的口氣卻是非常冷淡。

有時候，少年會打來電話問道：「可以去你們家玩嗎？」

剛從外面玩回來的兒子，會直接說：「跟他說明天吧。」由我代他拒絕。

就這樣過了三天，第四天終於讓兒子接到電話了，他也是只說一句：「啊，今天不行。」兩秒鐘就掛了電話。

喂，小朋友，這樣不對吧！

「你應該跟他說，我也想一起玩，但今天已經有安排了，至少道個歉吧，這樣對方太可憐了。」

兒子這時停下換制服的動作。

「哈哈，所以媽媽的電話才會總是講那麼久。」

他一邊說還一邊露出有點驕傲的笑容。

「我剛剛回他的話妳也聽到了啊，我說今天『不行』，這個『不行』就包含了妳說的『我也想一起玩，但今天已經有安排了，很抱歉』

的意思。這樣講他就懂了啊。」

雖然我繼續反擊，說了一句：「小心小拓不再找你玩了！」隔天，這個小拓又像沒事人一樣，笑咪咪來到我家。

根據兒子的說法，「我們男生講電話是有目的的，針對目的快速講一下就好了，女生就不是這樣了。」

「像我們班女生，約見面的時候不是會先用電話討論一下嗎？男生說『那個』的時候，下一句就是要確認時間、地點了，但女生的『那個』卻完全不是這樣，下一句會出現完全不同的話題！就是這樣我才討厭跟女生講電話啊。」

原來如此！確實，每當有什麼事情必須和班上的女生連絡時，兒子都會將這件事交給班上其他男生來做。

「你討厭那個女生嗎？」如果這樣問他。

「並沒有。」答案一定是這樣。

由於又突然有了想法，這個擁有典型女性腦的媽媽，接著又問他這個問題，

「假設喔，總會有那種很想念一個人卻無法見面的時候吧？這時候，如果男生在電話裡說『我也想妳，但工作實在太忙了，不然我也很想見面』，電話那頭的女孩會因此感到稍微開心一點，那你也不會打這通電話嗎？」

兒子唉了一聲，眼神飄向遠方。

「所以到底是要見面？不要見面？」

「沒有要見面啊。」

「這根本是一通什麼都沒講的電話嘛。如果是我，根本不會打那通電話。」

我太驚訝了，趕緊趁機教育一下：「不是什麼都沒講啊！他有傳達了想念對方的心情不是嗎？女生講電話，不一定是以達到什麼約定為目的，打電話這件事本身就很重要。」

對於少年來說，講電話不過是傳達玩樂的時間與地點等情報的手段。快點講完了事，能快點出門玩樂比較重要。

另一方面，對女生來說，電話卻是用來交心的道具。小女生很享受那種東聊西扯的對話，小男生則是對方一旦不講重點，就會開始不耐煩。

恍然大悟！男生對於那種會在工作時間來電，講出「然後啊……」、「所以我就啊……」等跳躍式對話的女生，一定是因為她長得漂亮才會忍受吧！女生呢，卻覺得這根本是「溫柔的表現」，畢竟那種只講見面時間與地點的電話，也太無情了！

經過這次與兒子的電話對話之後，我對於另一半冷淡的電話或簡訊就不再那麼在意了。工作時間的電話，則是像情報文一樣簡短，不加入「溫柔的表現」。這樣一來，感覺對方主動打來的次數還增加了。

我們溫柔的女性腦，時常因為無法辨識另一半的心情而不知所措。他們不主動傳訊息、約會沒計畫、不懂得讚美、不送禮物、不尊重人、即使自己有所抱怨也不聽、兩人鬧彆扭也不會主動和好……即使如此，這一類的事情，對男生來說都是不重要的小事。這就是男人大腦的真相。

男人的大腦反應，生來對愛的命題遲鈍。根本上，如同之前關於電話的想法，對他們來說，戀愛不是「東扯西聊時的愉快漫步」，而是「要達成某一目的」。

因此，戀愛初期各種因衝動而熱絡往來的時間一過，雙方就走向了相親相愛第一階段的終點。男人的大腦，便會開始完全地怠惰。

然而，重點來了，這件事對於男人來說，同時也是產生了如同友情般信賴感的證據（雖然對女性腦而言，會視為這是對方邁入下個階段的「隨便」）。再者，男人們擅自認為，比起和性衝動同等級的戀愛感，「信賴感與友情」其實是更上一層的關係。因為對自己而言，這是邁入了更深一層的感情模式，男人當然認為無須為自己辯白。

相對如此，在我們女人的大腦設定，即使我們面對的是友情，也不會忘記時常傳關心簡訊。因此當女人面對戀人突然出現的懶惰行為（一個不好，這種懶惰還會持續一輩子），才會如此不知所措。

這個時候，我們女人大腦該採取的手段之一就是——「我不在意」。

之前那個每天傳訊息關心我的男人，如今整天埋首工作完全不會想到我，對於約會的日子沒想法，即使見面還會表現出不耐煩。

這個時候，完全不必去懷疑「他是不是對我膩了？」，只要想作「他現在對我很放心」就好，或是再加上「因為實在太喜歡我了，才會如此放鬆，真是個笨蛋」，這樣也可以。（相反的，另外還有一招是故意讓對方擔心，假裝感情不穩定，需要對方關心。但這不推薦給本書讀者。在這裡會中招的男人，通常後來會變得非常無趣。）

這種時候，就找些一個人去做也會開心的事吧。在對方終於打電話來的時刻，語調盡量不要不耐煩。好不容易可以見面了，也不要總是擺出一副晚娘臉。

男人的大腦運作，傾向於將幾個點連結，然後想像成完整的一面。所以不耐煩的聲音，再加上晚娘般的表情，在他的腦中，對於妳的記憶可能就成了——醜女。

女人的大腦還有一個麻煩的地方，越是這種時候越會去幻想「他是不是有別的對象了？」，此時此刻「我不在意」也會是正解。要真心認為，這個男人如果這樣就輕易被拐走，那也就算了。保持愉快，對於對方的反覆選擇單純地信任，男人的大腦不會背叛這樣的存在。即使身旁出現了新的誘惑，他也會回到妳身邊。

關於戀愛，女人的致勝關鍵詞，既不是美貌也不是年輕，而是「不在意」。

不在意，還有知性。這都是成熟女性的必備品。

話說回來，冷酷的男人，有時候也會對長時間的通話抱持覺悟。

先前，因為工作上有所耽誤，我打電話給兒子。

「我現在在目黑站，大概四十分鐘後到家。」

「所以現在開始要跟妳講四十分鐘的電話就是了？」

他的回答小聲而靦腆。

搭電車無法通話，說完這句話我就把電話掛了。事後問起，才知道因為他覺得我的聲音聽起來很沮喪，有點擔心。

不過我倒是很好奇，只有在傳達重要情報的時候才講電話的兒子，用那種電報式的文法，要怎麼跟我聊上四十分鐘？

當個愛情大贏家！掌握戀愛腦，就能操控對方的心

- 男人的大腦反應，生來對愛的命題遲鈍。
- 熱戀期一過，雙方就走向了相親相愛第一階段的終點。男人的大腦，便會開始完全怠惰。
- 當女人面對戀人突然出現的懶惰行為（一個不好，這種懶惰還會持續一輩子），女人該採取的手段之一就是——「我不在意」。
- 不在意，還有知性。都是成熟女性的必備品。

製造浪漫

浪漫，能永續戀愛與女人的保鮮時期。

戀愛腦指南

好女人的條件，
正是開朗而積極的想像力。

十二月二十六日的深夜，我收到一則聖誕簡訊。簡訊內容本身平凡無奇，就是以英文祝福聖誕快樂，簡訊的起頭也是一派天真的「Hi！」這則像是電腦病毒寄出的罐頭簡訊，來自我的另一半。

好了，我該想成是一種幽默，還是他在找碴呢？我要如何愉快地解釋這件事？這個思索讓我樂不可支，在電腦前默默乾了一杯紅酒。

無論是聖誕節、情人節、生日，還是夫婦節（是十一月二十二日，大家曉得嗎？），有一個人對於這種他人擅自決定的浪漫節日抵死不從，就是這麼死腦筋又沒禮貌的傢伙。因為發現晚了一天，然後趕緊慌張地寄出簡訊，這種美妙的展開是絕對不可能發生在他身上的。

我想，這個人就是想傳一封簡訊給我。大概是因為在二十六日深夜的當下他正被工作信件淹沒。好不容易喘口氣的時候，想起聖誕節還有十天前我的生日他都裝作不記得，忽然有些愧疚。但是，又想不到要說什麼，所以才有了這封過期的聖誕簡訊。

臉皮薄的傢伙、懶惰鬼！對於眼前的女人都無法好好照料，卻去煩惱宇宙的奧祕，擔憂人類的悲劇，或是為了承擔社會責任而東奔西跑。沒錯，這就是一般常見、健康的男人腦。

這個男人腦，想到了我，有了想要討好的心情，剎那間念頭轉了好幾回，這種直線條的愛意，真是可愛。

因為不是道歉或感謝、也不是愛的告白，不是一種習慣，也沒有事需要討論，這種訊息內容意外地難度很高，難度高就表示，想得很深。

這麼一想，這封過期簡訊，我覺得真是至高無上的浪漫。

但是，無論是聖誕夜，還是十天前我的生日，他連一句問候都沒捎來，想到這裡的薄情，我也不是沒有怨言。邁向黑暗世界的關鍵句就是「反正，像我這樣的女人……」這種貶低自己的思考一旦持續，就會開始懷疑聖誕夜他是不是跟更年輕貌美的女友度過……想到最後累死自己。

也就是說，當妳面對的是一個訓練不足的男性腦，要持續抱怨還是要繼續關愛他，決定這件事的會是女人的大腦。

今天要抱怨一下呢？還是要報以關愛呢？對著僅此一行的簡訊，我邊喝紅酒思考還來點配酒菜，這時身後傳來兒子的聲音。

「媽媽，妳唸小學的時候，作文是不是很好？真好，不管什麼事都可以無中生有，會編故事的人最厲害了！」

喂喂，才不是無中生有！想到這個，我又想起學期結束時，收在他書包裡的一篇作文。

作文的題目是「爬格子」。

「我最喜歡公園裡的爬格子，不管頭撞到幾次鐵欄杆都還是喜歡。我總是在爬格子，只要爬上方格頂端，二十分鐘的休息時間一下就過去了。

我希望不管到了幾歲，我都能繼續爬格子。」

順帶補充，這篇不是小一生的作文，而是小學五年級男孩寫的。班上其他以進入私立國中為志願的同學，他們寫的作文已經可以算是小論文。

再仔細看看兒子的作文紙，可以看到他努力想加點什麼，塗塗改改的痕跡，雖然最後文字量並沒有成功增加，但他應該是想要寫滿這四百字的稿紙吧。

因為每到作文時間就很傷腦筋，而羨慕起母親的作文能力。不過寫東西對我來說畢竟是吃飯的傢伙，如果這點都不能讓小學生尊敬，我也不用混了。

於是，「媽媽幫你的文章加點什麼吧！」我再度拿了兒子的作文。媽媽可是什麼題目都能洋洋灑灑寫上數十張的人呢！

「我最喜歡公園裡的爬格子，不管頭撞到幾次鐵欄杆都還是喜歡。我總是在爬格子，只要爬上方格頂端，二十分鐘的休息時間一下就過去了。

我希望不管到了幾歲，我都能繼續爬格子。」

我再次重唸了一遍一邊大笑，最後竟然哭了出來。

小學五年級的男孩已經長到一六五公分，鞋子要穿二六．五號，我的兒子一定是在認知上跟不上自己成長中的身體體型，才總是撞到他的頭或腳吧。

比起自己想像中的身驅，他的體型實際上大得多了。

不僅是對身體的認知與實際身體大小有落差，現在也是他對社會運作的感知與實際現況有落差的年紀。「銀行的功能都一樣，為什麼要有那麼多銀行呢？太浪費了！」諸如此類，在大財團自己省思之前，小學生已經率先冷靜地指出問題。

他們的小學，因為位於都會的偏遠地區，即將與附近的三所小學合併。兒子默默接受學校將消失的事實，對於近日銀行合併的新聞事件因而有所解讀，他對同樣失去立身之地的銀行員感到同情。就算在生活中，他的頭常常到處碰撞到鐵欄杆或門，也不代表這個孩子不聰明。

就在自我感覺與社會現實時而連結、時而分裂的狀態下，孩子長大成人。他能留給公園的時間所剩無幾。

那個簡單的抽象造型設施——爬格子，對他來說，是宇宙，是一座城市，是山，是岩石，是天空。

認真寫起來，好像是種了不起的感受，其實在每個小孩身上都可能發生。空格子，本來就是為了喚起孩子的想像力而設計的遊樂設施，而正如同它的設計宗旨，在小孩的想像中，它可以化為任何地方。

就是這樣，不是什麼大不了的故事。只是我從兒子三兩句寫完的告白文中的空格子，擅自喚起了自己的空想世界，湧出了暖暖的感情。

下次探訪他的小學，我一定會再好好看一下那座方格子，我也許還會爬上去。宛如上等的現代藝術，給予玩樂的少年一方宇宙，真是遊樂設施的傑作。

像這樣，兒子的文章喚起了身為母親的我心中的某種感受。這件事，說到這裡已經完整。寫東西維生的母親，在少年的世界裡一個字都無法多加。我敗給他了。

我決定這樣跟兒子解釋：

「你的文章，突然就從起承轉合的『合』寫起，自然也結束得沒頭沒尾。媽媽無法幫你多寫什麼，這邊文章的題目，如果不是『爬格子』，而是『關於我有多會發呆』的話，你就有很精彩的『起』了。如果寫了『某天早上，我又爬上了方格子，回過神來才發現自己身在操場司令台。』就是『承』，後面有故事可說，會是很有趣的一篇文章。」

「我再怎麼樣，也不可能呆成那樣吧！」

兒子的回答再度令我大笑不止。

我沒對兒子說的是，他的男性腦，大概長得差不多了。描述事情，一下子從結論說起，讓人摸不著頭緒。這是萬中選一的男子才能做到的事，大概是與生俱來，他擁有所有企業家不可或缺的特質。

話雖如此，要在考試戰爭中勝出，國語作文畢竟是不可或缺的科目。面對十一歲的他，我實在說不出「你這樣寫也不錯」的稱讚。

我的另一半，正是擅長從「合」切入，又能讓人感受到愛的高手。這麼想的話，或許面對我這個喜歡從「轉」開始話題的人，選擇把我放逐到不可理喻的世界，正是這個人的機智之處。他也是個愛作弄人的孩子。

在這二人身上，我還真的沒有聽過有完整起承轉合的對話。難道這表示：他們擁有完美的男性腦典型嗎？而我，則是選擇補足他過少的話語，像把橫織再加上直織，為了自己擅自編織出壯大的愛情故事。這原本就是女人大腦的得意能力。

但是如此一來，我可能完全看錯了自己的愛情故事也不一定。另一半和年輕戀人一起度過聖誕夜，兩人聊到中年的戀人（就是我啦），還會選擇一起嘲笑我。

這是我亂掰的，即使要編出這麼過分的故事，但畢竟我在那之前也沒見過他表現出任何沒品的言行，所以我實在無法繼續想像下去。

這種時候，我就越是覺得女人自己年輕的時候不能那樣沒品。如果過去自己也曾這樣踐踏他人，而妳的男人又是一個沒主見的人的話，此時你所編織的故事一定會忍不住往黑暗故事走去。

背叛、欺騙、嘲笑或愚弄……這些黑暗關鍵字一擺出來，就算原本讀著像是幸福快樂的故事，也會往負面的悲傷故事開一扇窗。疑心生暗鬼，負面的故事通常說不完。而在成為鬼之前，妳可能已經拿起刀傷人，因此為自己的後半生造成傷害。

話雖如此，我這番話並非屏除了世間所說的「不倫之戀」。所謂夫婦，也有許多形式。感情變得像兄妹般維持著穩定關係的夫妻，身旁有別的戀愛物語或許無妨。

只是，這種時候，保持有品的、低調地說這個故事的教養很重要。這不是為了誰，是為了自己。所以在編撰自己的愛情故事時，也記得不要被忌妒心綑綁得動彈不得。

所謂戀愛，只要發情就辦得到。在三十歲之前，這樣或許也不錯。而浪漫，則能永續戀愛與女人的保鮮時期，是大腦的奇蹟。女人年過三十，若不記得浪漫的做法，接下來要面對的，或許是愛情裡的殺伐人生。所謂浪漫，是男人與女人的大腦共同製造出來的。男人的大腦提出崇高的「結論」，由女人來溫熱它。女人是靠自己的心照亮並充實這個愛情的故事，而不是從男人身上得到這個故事。

男人，靠累積結論而生。他們過的人生，就像是瓠瓜乾與海苔整齊陳列、宛如儲物櫃的人生。對他們來說，女人編織出的故事就像把乾貨加水泡軟後端出的美味料理。瓠瓜乾，也能用於色彩鮮艷的散壽司。男人在成長期中，若是母親健在，他可能不太重視戀人的功能（雖然偶爾會為此鬱悶），但一過中年，意外地戀人可能成為他唯一的心靈支柱。

將男人笨拙不可靠的生活方式變成豐富滋潤的生活，說這是好女人的終極目標也不為過。好女人的條件，正是開朗而積極的想像力。

即使男人拋出一個不差的「結論」，女人的想像力若是過於貧瘠，也創造不出好的故事。同理，縱然女人想像力豐富，若聽到的不是正確的「結論」，幸福故事也不會成立。浪漫，就是情侶的大腦奇蹟。

有時候，年輕時候的發情對象，或是生活上可靠的另一半，並不一定是中年時製造浪漫的好對象。就此來說，所謂浪漫，有各種不同的大腦來組合也不錯。

一般來說，製造浪漫失敗可以分為兩種情形。一是男人在感情中不夠坦誠磊落，無法拋出好的「結論」；二是女人在愛情的素養不夠，無法創造出溫暖開朗的故事。

為了男人能坦誠磊落，為了女人的好素養，首先要做到不以低級卑劣的方式欺騙他人。己所不欲，勿施於人。這就是人類的腦。無論有多少欺瞞或高傲自滿，都會反過來壓縮我們往後的人生。

自由豁達的浪漫。在女人的人生下半場，何其珍貴。

當個愛情大贏家！掌握戀愛腦，就能操控對方的心

- 背叛、欺騙、嘲笑或愚弄……這些黑暗關鍵字一擺出來，就算原本讀著像是幸福快樂的故事，也會往負面的悲傷故事開一扇窗。
- 女人年過三十，若不記得浪漫的做法，接下來要面對的，或許是愛情裡的殺伐人生。
- 即使男人拋出一個不差的「結論」，女人的想像力若是過於貧瘠，也創造不出好的愛情故事。
- 縱然女人想像力豐富，若聽到的不是正確的「結論」，幸福故事也不會成立。浪漫，就是情侶的大腦奇蹟。

值得珍惜的女人與必要條件

「和妳在一起的時候，不講話沒關係。」
這可說是男性腦至高無上的讚美。

最厲害的女人無須言語，
就能以姿態讓對方感受到知性與慈愛。

答。我的另一半，即使擁有格外優秀的男人腦，對於女性腦提出的溫柔提問往往也無法回答。但唯有一題「你喜歡我什麼」，他可以立即作答。

「和妳在一起的時候，不講話沒關係。」

我一時語塞，但冷靜下來一想，這可說是男性腦至高無上的讚美。回答自己的心情如何，或是要回應女人情緒上的言語，這都是男人大腦不擅長的事。他們追求能心平氣和陪伴在身邊的女人腦。

但是，也不是光不講話就好。雖然保持沉默，腦袋卻在一直胡思亂想，要是讓對方感覺不舒服也不行。話雖如此，女人若是讓對方失去緊張感，心情上完全鬆弛下來，身為一起出現在公眾場合的對象，也是失格的。

比起語言，男人腦對於空間的感應更強烈。最厲害的女人無須言語，就能以姿態讓對方感受到知性與慈愛。但這件事對女人來說，卻是她不知道要如何掌握的。

其實，拿這個問題問男人，也沒有固定的答案。男人和女人相處的空間可能是飯店房間、居酒屋的吧台、車內、散步的路上，或是床上。根據不同情境，與對方的關係定義，還有相處的女性年紀，這個問題都有不同的「正解」。

但我還是有抓到一個共同要點，那就是「穩定的呼吸」。

溫和、安靜的深呼吸，有助於創造寧靜的氣氛。女人帶來的寧靜氣氛，正是男人生活中渴求的事物。這不只限於對男人、對小孩或寵物，在女人之間也是如此。能這樣溫和呼吸的女人，周圍必定是陽光灑入的溫柔空間。無論她身邊是誰，都想要被這樣的陽光普照。

這件事聽起來有點不可思議，但其實我們每個人都曾經在十個月的胎兒期間，隨著母親呼吸而搖擺，其實也相當合理。

還有一個原因。這種呼吸，會帶出美麗的姿勢。要能安穩呼吸，背必須伸直，微縮下巴，上半身必須稍微用力，這是為了拉開呼吸道。不這樣做的話，肩膀會過於僵硬。這個姿勢，會讓胸膛隆起，鎖骨線條明顯，多麼美啊。

順帶一提，男人面對女人的美麗姿態所受到的吸引程度，遠比女人想像中的要強烈許多。男人腦，因為是辨識空間的腦，三維空間曲線的刺激對他們來說非常強烈，對於女人的身形也容易感動。也就是說，在臉上整形做出雙眼皮，效果或許不比露出美麗的鎖骨來得好。對於空間曲線認識不強的女性腦，總是容易將焦點放在臉部的眼或鼻子的模樣。

呼吸還有一個效果。深層穩定的呼吸，會喚醒腦細胞中的酵素，讓頭腦更清晰。眼睛有神，雙頰氣色紅潤，這在任何一種生物身上，都會帶來一種凜然的存在感。

面對這種凜然的存在感，只需要像是在海邊看著孩子玩沙的母親，投予溫柔讚許的眼神即可。就算是女人，也會想珍惜這樣的女人，並希望被這樣的女人珍惜。即使只是在電梯中擦身而過的關係也是如此。

所以，有這樣的呼吸，進到餐廳第一時間容易被視為上賓，禮儀上稍微有些出錯也沒關係。擁有自在與美麗姿態的女人，到任何場所都會受到尊重，這個道理可說是世界通用。

這種效果，在商業場合上你也能感受到。會議中，懂得運用這樣溫和呼吸的人，即使發言次數少也備受尊重，在商務洽談中，客戶說話會因此變得客氣。這個像是魔法一樣的方法，請大家務必試試。

男人若不是以居家的自在姿態，就算是大人物也可能無法化解緊張。男人的緊張，遠比女人想像的嚴重得多。所以，陪伴在他們身邊，讓場面愉快自在吧。不要再讓他們感受到沉默的痛苦，不要讓對話充滿緊張。順便，以氣質示人，讓他感到安定。能做到這一程度的女性，最令人佩服。女人有了這樣的姿態，凡事無關容貌或年齡，男人都想要珍惜。關鍵在於，沉默與呼吸。女人要贏得異性緣的祕訣，意外地是如此簡單。

還有，說到男性腦的運作，女性在沉默之餘，也不要對他的反應有過多的浪漫期待，他可能想像這就是妳生活中的晚娘面孔，也可能以為妳是因為詞彙與想像力貧乏而沉默。

說起來也許不太科學，但男人對於勤勉自持的知性派成熟女人、沉默溫柔的女人、正向思考的姊姊型女人、賴在家生活的千金小姐，都容易感到放鬆並依賴對方。

身為女性讀者的妳，如果從小成績優秀，工作表現備受認同，生活能力堅強，容貌和品味都不差，卻總是異性緣不好，或許可以想想，自己是否常在無意間過於多話、喋喋不休呢？

年過三十卻覺得近年不受歡迎，並不是因為你不再年輕或是容貌不比從前，而是因為妳令人疲累，男人越來越常因為妳的發言感到壓力。此時，請不要鼓舞自己去做些「裝年輕」的行為，這就像在刻意模仿千金小姐的嬌豔，但現實與身體依然貧困。即使因此排到男人心中的第三名，只要話一多，效果也就沒了。但是，如果妳可以保持自在的沉默，可能一下就能竄升到男人心中的第一位，而且是獨一無二的第一。

也就是說，女人和男人說話的訣竅，不是知道如何說話，而是懂得如何不說話。男性腦由於不具備需要言語的「心情」，要他們時常聽取女人的心情自然會感到痛苦。這樣的男性腦，對於女性心情良好時的沉默，會給予最高的讚美。

我在不久之前，對另一半生氣時會以沉默報復。我心想，只要自己不講話，他應該會不安吧？應該會稍微反省吧？但是，這個人還是一如往常愉快地去泡澡、悠哉看電視，然後默默上床就寢了。他們讚美沉默，一點也不想報復。

女人，傾向把「展現心情」視為愛的行為。女人的話多是表達友善的好意，打算藉此讓男人放鬆。另一頭，男人卻對於要回應這樣的情緒語言感到麻煩。他們喜歡擁抱女人的沉默，並認為這是最好的愛。

你知道男人與女人竟是如此不同嗎？

筆者身為情緒的研究者，自認對此已經具備相當的機智，卻還是會問另一半：「（喜歡我是）因為跟我在一起不用講話？」這樣的問題，簡直像是倦怠期的中年妻子一樣……（雖然事實上也是？）就算我知道這是讚美，還是會忍不住動氣。

看到我動氣的表情，他就像發現取笑的點一樣，促狹地笑了出來。此時我不禁明白，他曾經交往過這種話多的女友。

在大阪人心中，話多的人會擅自展開某個話題，話少的那方可以用直覺反射回應，反而輕鬆。話多的人並不會正面問出你的心聲，所以把那當成背景音樂，或是大街上的雜音，即使對方頻頻出聲也不會造成困擾。習慣的話，聽起來還滿舒服的。

本質上，容易感到寂寞的他，對於她的多話有些不適應，又有些被療癒。

一般說來，男性腦不常將兩個女人一同比較，他應該是對於那個多話的女生印象深刻吧。雖然我只說了「喜歡我什麼？」、「因為跟我在一起不用講話？」這兩句，卻可以從他饒富深意的微笑，那個促狹的笑容中看到這一切。

大阪女人即使多話，也不質問男人。她們會將自己的想法，包裝在撒嬌中，然後說贏對方。此時，男人若不加入合奏，話題永遠會朝對她有利的方向展開。這迫使男人不得不選擇在哪段加入合奏。如此一般，像相聲一樣的假設性對話便成立了。即使是假設性話題，女人也會滿足，因為是假設性話題，男人回答起來也覺得放鬆。大阪人的文化發展相當成熟，非常適合成年男女，因為他們掌握了即使成為老先生老太太也能滔滔不絕的對話方法。

不過，別忘了，那還是個語言不足的男性腦。在下棋時吵架，仍然不比對弈時的沉默，那總是會讓人有點生氣。兩者都喜歡固然好，不過還是希望讀者能夠明確區分在談話上另一半喜歡的類型，以及溝通時話語多寡的程度。

當個愛情大贏家！掌握戀愛腦，就能操控對方的心

- 以氣質示人，女人有了這樣的姿態，凡事無關容貌或年齡，男人都想要珍惜。
- 沉默與呼吸。女人要贏得異性緣的祕訣，意外地是如此簡單。
- 女人，傾向把「展現心情」視為愛的行為。男人卻喜歡擁抱女人的沉默，並認為這是最好的愛。
- 女人和男人說話的訣竅，不是知道如何說話，而是要懂得如何不說話。
- 大阪女人不質問男人。她們會將自己的想法，包裝在撒嬌中，然後說贏對方。

魔鏡

借著占星這面魔鏡，我想知道「我特別嗎？對他而言，我是特別的人嗎？」

戀愛腦指南

在戀愛生活中，女人會想盡辦法試探她所愛的另一半的「心情」。她希望對方和自己一樣，毫無保留自我。因為這是愛的證明。

「原來，星座還是很準的。」

以這樣高姿態大放厥詞的人，當然又是我的另一半。

前幾天，一股興致之下，我打開了占星網頁。我和另一半的契合程度似乎是某種微妙狀態。我們的契合度不差，兩人關係中卻帶有強烈的緊張感。

我們兩人的星座本身就存在強烈的相反特質。我們都喜歡人，卻不擅與人來往，擁有美感意識卻很懶惰。

本身即擁有強烈自我矛盾性格的兩個人，個性要合得來本來就不容易。性格矛盾的人會攻擊自己，也會攻擊對方。個性帶有敵意的人談感情，有時本身就相當複雜。

簡單說來，我跟他就和刺蝟沒兩樣。靠近的話，矛盾之處有如火石碰撞，痛到不行，但即便如此也無法放棄對方，要說這是孽緣也可以。

正因為個性上無法完美搭配，看了占星文中不太準確的地方，反而是一喜一憂，頗有樂趣。

當天，我首先嘗試的是印度占星術，打開這網頁一看，內容還真是過分。上面寫著，他因為我的存在而感受到極大的壓力。因為太不可信，我改說要看巴黎占星術的說法，結果更糟……「二人間的性愛雖然讓女方感到滿意，男方卻不滿足，壓力積累久了，隨時都可能爆發。」什麼啊！沒關係，還有中國占星術的姓名學，但讀過之後還是一樣。當天竟沒有一個占星結果能夠安撫我。

既然如此，只剩當事人能安慰我了。

「我看了印度占星，裡面說你受到我的主導，累積了過多的壓力，太過分了吧？明明是你主導我啊。」我說。

「原來，星座還是很準的。」他緩緩吐出了這句，然後把牛奶加進紅茶。

「還有啊，巴黎占星術的結果是你不滿意與我的性愛。我不想看個占星，連這種事都要被批評。」聽了我這句，另一半大笑出聲。

我一時間感到困惑，無法分辨他的笑屬於哪一種？是說中了嗎？感受到我帶著疑問的視線，他說了這句話來重返優勢。

「之前的占星結果，妳不是很相信？」

（所以現在是笑我自作自受囉！）

沒錯，過去的占星結果我很滿意，還將紙本保留下來。不喜歡的內容，我就當作沒看到。這次是因為不論哪種占星的結果都很糟，我一個人實在無法消化。

「不過，如果連亞洲的占星結果都這麼表示，妳也許可以多想一下。」他冷靜將話題跳開。

這可不妙。如果他的回答繼續這麼客觀，或許會發現自己內心的真實心聲。「啊，也許有壓力才表示你真的喜歡我吧。」我試著往開朗的方向解讀。「這是兩回事吧。」他又拋來一句冷靜的回答。簡直要變成檢討大會了。

話說回來，為什麼我會迷上占星呢？對於接下來一定會被問及的問題，我必須先捫心自問。

原來，它就像我的魔鏡。

那個白雪公主的繼母所擁有的魔鏡。美麗的繼母，日日夜夜會對魔鏡問道，「在這個世界上，最美麗的人是誰？」

而我，借著占星這面魔鏡想知道「我特別嗎？對他而言，我是特別的人嗎？」」，聽到肯定的正面答案我便相信，若不是這個結果的占星，我就不當一回事。占星對我來說，是必須要給我完美答案的魔鏡。雖然這回是失敗了。

其實，之前當我看到滿意的占星結果，也不會因為滿足而就此罷手。相反的，我還會想聽更多的好話，而繼續看其他占星類型的預測內容。我想，並不只有我一個人如此，畢竟網路上占星網站一直在增加，可見占星的神祕有多吸引人。

從遠古以前一直到現代網站關鍵字，占星領域的熱度不曾衰退。我想我大概明白原因了。

人類的大腦，在自己所屬的生態系中傾向當一個特別的個體。這是為了鞏固自我在生態中的生存理由。也因此，人類內心這個「我是特別的」之願望成了生命的重要期望，是相當普遍的想法。

精進技藝的工匠、埋首研究的學者、不把名牌放在眼裡的女人等等，這些祈求變得更強、更美、更聰明的大腦，正是我們健康活著的證據。

所以，從我們在一起以來，我一直希望聽到他對我說一句話。

「妳是特別的。」

我將自己的生存意義，交給了男人來決定（也就是男性社會）。每個夜晚，這個對我而言，意義特別的男人若能跟我說：「妳是世上最美的人。」我大概就心滿意足了。而我默默相信，結婚也不過是為了得到這面魔鏡的行為罷了。

然而，我循循善誘試著問出答案，他最終還是沒有說出這句話。不是誘導的時候了，我決定拋出直球，希望聽到他的首肯。「我對你來說，是特別的女人吧？」沒想到仍然被轉開話題，「妳說的特別，到底是指什麼？」對方如此回應。

就這樣來來往往的問答之下，同時還要一邊研究他的男性腦運作，我不禁對於聽到那句話感到興致缺缺了。

因為我發現，男人的大腦缺乏述說主觀情感的能力。也就是說，他們無法成為魔鏡。

所以，我才需要占星啊！什麼嘛，我的個性太可愛了，竟不禁自我稱讚了起來。這樣的我，比起喪失生存意義，並把過錯推給先生而吵著要離婚的人，或是把一生託付在小孩身上的人，我的做法來得坦蕩多了。

我其實想說，我會沉迷占星都是你的錯，因為你總是不說出你的心情。但我還是住口了，說了也於事無補。

對於以自己的情緒為先，但又以教養控制情緒的女性腦來說，戀愛是自己的心情，也是將自我曝曬在對方面前的行為。完美控制喜怒哀樂的情緒，然後在最愛的人的面前展示，是屬於女人的戀愛行為。

而這種行為，與邁向成人的教養完全相反，這也是為什麼戀愛會讓女人受傷。在與對方互相傷害之前，我們已經被戀愛所傷。宛如疼痛源頭的靈魂之痛，我們希望借由另一半的熱情來撫慰，並仰賴這個方法走下去。

於是，在戀愛生活中，女人會想盡辦法試探她所愛的另一半的「心情」。她希望對方和自己一樣，毫無保留自我。因為這是愛的證明。

但是，男性腦的核心並非是自己的心情。

在男性腦的核心，對於正義或頭銜等的客觀評價機制，會以自我擬真的方式存在。男人真正的自我，在十二歲青春期之前潛伏於水面之下，從他們轉為身強體壯的這段時期開始，男人大腦追求的是客觀評價，行為受到社會競爭驅使。只有優秀的雄性遺傳基因才能存活下來，這已經被寫入神的演化公式。

在他努力成為優秀雄性並脫穎而出的這段時間，男性的大腦不存在自我。也就是說，男人並不會去想自己的心情好或不好、滿足或不滿足。所以，他的心思更不可能放在身邊的女人心情上。世間被稱為溫柔男子的男人，不過是在照本宣科遵守禮儀。在女人看來，她們覺得太粗野的個性，卻是男人的本色。

要與男人真正的自我再次相會，必須等待時機，直到他們將某種程度上能被社會認可的「成功」入手後，等男人動物性的性衝動稍微和緩、轉而能夠享受知性的愉悅的時候。

因此，排斥年輕男性的大腦、不想讓自我成長、破繭而出的年輕女性，會比較欣賞成熟男人的腦袋，就大腦的運作來說這是非常合理的現象。

近年之前，前例的相反模式，也就是「年輕男子喜歡成熟女子」的情侶遲遲未成為趨勢，不是因為「男人只喜歡年輕女人」，而是屬於社會弱勢方的女人還沒向停留在粗野時期的男人大腦出手罷了。

而這幾年，擁有經濟實力、完全享受自我與生活的女人，開始將年輕男子的大腦表現視為可愛。

但即便是這些女人，也在尋找年輕男人身上「不存在的自我」，她們認為男人像洋蔥，要一層層剝開才會看到內心。她們仍然相信展示自我是愛的證明。女人希望男人道出全部的自我，最後邊哭邊告白「我只有妳，妳是最特別的人」。這種幻想，只會存在於陳腐的電視劇，建議大家盡早明白。

女人真可憐。

她們在戀愛中面對沒有自我的男人，期望他們奉上自我。纖細敏感的內心流血之後，與大腦尚停留在粗野時期的男人發生關係，然後生下孩子。其實，責任都在女人自己身上。

靈魂之痛，沒有原因沒有療法。要緩解此痛症唯一的對症療法，只有一個。那就是保持良好心情、待在妳喜歡的男人身邊。如果不喜歡了，妳也可以離開他。自己是被愛的，這件事的證據並不存在於男人不存在的自我中（也就是他的心情），當妳踏上尋找的旅程，只會看不到終點。

能真正滿足女人自己的，只有女人自身的智慧。領悟男人大腦的虛無，對於那個為了妳而願意反覆度過樸實日常的男人腦，感到憐惜（因為女人對於不問意義的日子，是一天都過不下去）。單純感謝先生和小孩的陪伴，為他們洗手做羹湯。這樣的女人必從內心感到滿足。

關於讓女人大腦滿意的答案，男人一定無法提供，但他們也不會去細想女人變成了懶惰的中年女人、粗俗的老女人，要不要拋棄她之類的種種疑問。

在適當的時刻藉機撒嬌，緩緩地解開內心疑問，只要能夠滿足自己就好。真正的知性女人，不需要魔鏡。

說了這麼多，因為自己還不夠知性，我仍然對占星抱持好奇。

繼續開頭的話題。當時，正是他要踏上旅程前的白天，這件事若沒有講開，我的留守生活就會面對一片陰影。

所以，「你沒有因為我感覺有壓力吧？拜託了，你就直接告訴我那個占星一點都不準，可以嗎？」我抓著他的衣襟，有點可憐地說。而他還是一臉壞心腸地跳過答案：「是這樣嗎？我不在的這些時間，妳可以想想，就當作是寒假作業吧。」

「那如果我想通了，結論卻是我想分開，你怎麼想？」

「那也是你的生活方式，我會接受。」

喂喂！怎麼還是走向這個結論了呢！我嘆了一口氣，看了一下時間，距離他出發還有三十秒。這個討論，是無法繼續了。

此時他促狹一笑，「我還不夠格對妳造成壓力。」說完後揮揮手，登機去了。被擺一道了。這回，是他更勝一籌。

等等，所以他還是覺得自己有壓力？算了，事到如今，這些都不重要了。

當個愛情大贏家！掌握戀愛腦，就能操控對方的心

- 完美控制喜怒哀樂的情緒，然後在最愛的人的面前展示，是屬於女人的戀愛行為。
- 希望男人道出全部的自我，最後邊哭邊告白「我只有妳，妳是最特別的人」。這種幻想，只會存在於陳腐的電視劇。
- 能真正滿足女人自己的，只有女人自身的智慧。
- 關於讓女人大腦滿意的答案，男人一定無法提供，但他們也不會去細想女人變成了懶惰的中年女人、粗俗的老女人，要不要拋棄她之類的種種疑問。
- 真正的知性女人，不需要魔鏡。

世界之初的魔法

女人不要生氣，
男人並不是不認真找奶油，
而是他們看不到冰箱中的平面。

戀愛腦指南

不是因為女人愛計較，也不是因為男人不用心

——而是世界之初的魔法。

好了，接下來該好好地說一下男人腦與女人腦的構造話題了。

接受男女平等教育的我們，一直以來，可能隱約會認為男女同為人類，自然也能互相理解。於是女人們在日常各種場面總是嘗試要說服男人，即使對女生朋友也是如此，有時嘗試說道理，有時獻媚，有時也會擺出果斷決絕的態度。

但在這裡先把話說清楚，這一切都是徒然。從認識大腦結構來說，男人與女人絕對不是一樣的人類。兩者從腦生理學構造就有不同，所以男人無法理解女人，女人無法接受男人。

男人生不出女人，女人生出男人。從生命均衡的角度來看，本來就無法保持平衡。男人與女人沒什麼不同，以正確的方式雙方就可以互相理解，這件事又是誰說的呢？（不過，當社會還處於拙劣的男女不平等時代時，我要大大讚賞為了徹底消除不平等、宣揚「男女平等」教養理念的女性社會學家，我認為在這個時期她們的主張還是必要的。）

我所提出的戀愛論，並不是精神論或經驗論，也不是為了改變眼前某個問題的方法論。我只想要好好探究這兩種完全不同的大腦，並深盼我的探究可以解開男女兩個大腦間因為誤會而產生的深切悲哀。

數千年間，人類在這誤會之下戀愛並留下子孫，難道這不是表示繼續誤會下去也無妨？有些人的確會這樣想。但這是屬於舊人類的故事，他們鎮日忙於生計，無暇顧及男女之間的誠意，過了繁殖期沒多久後就邁向死亡。

反觀活在現代的我們，即使生活繁忙，當人生到了四十多歲，隨著孩子上學獨立，我們逐漸有時間去思索：「我活著是為了什麼？孩子長大離巢後，剩下夫妻兩人，被晾在家裡的感覺真是受不了……」如果是沒有養育兒女的職業婦女，臨近更年期前夕，也會不禁思索：「這份工作沒有我不行嗎？沒有成立家庭養育兒女的我，是否會後悔？」等各種對自我與人生的疑問。

今日的四十世代算是新的人種，容貌完全足以再談幾次轟轟烈烈的戀愛，未來還有好長的人生。這是過去的人類沒有活過的人生，現在的我們要活過（或者說不得不活過）比過去兩倍長的人生。

二十一世紀的女人就是新人類的夏娃。作為新人類，我們的使命是將女人可以得到的幸福，不論多寡，都盡可能地留傳給後代女性。

女人感受不到男人的誠意，責怪男人不老實，這樣的人生太漫長了。對女人而言是如此，對男人來說也是。

所以，先回到原點吧。我們是女人，柔軟、堅強、可愛的生物，男人非我族類。

而這樣的原點，就存在我們的腦中。

男人腦與女人腦，二者之間有一個關鍵性的不同，那就是在左右大腦的連接處被稱為胼胝體的這一區塊，女人腦比男人腦要更「厚」一些。

當然，整體而言，男人腦較大，頭蓋骨較大，腦的面積也大。掌管記憶神經元的腦神經細胞也是男人腦比較多。這從身體的平均大小來看，也是當然的事，男人的手比較大，所以神經元比較多；男人的腳大於女人，因此神經元也比較多。

然而，卻只有胼胝體逆勢而行，男人的胼胝體薄於女人的胼胝體。這是人類大腦中少數存在的悖論。

其實，這個世界上男人女人之間發生的所有背道而馳，所有的悲劇喜劇，可以說都是由這個悖論而生。因為這個胼胝體厚薄度的差異，導致男人女人眼中的世界完全不同。

人類看世界或事物，其實不是用「眼睛」看，而是通過眼睛，由「大腦」在看。

進入左眼的影像映在右腦的視覺皮質，進入右眼的影像則是映照在左腦的視覺皮質。也就是說，左右眼的兩個影像，分別傳送到大腦。在聯合區（association area）合而為一，接著才出現我們日常相信是「眼見為憑」的影像。

用單眼觀看東西會失去遠近感，這件事大家都知道。人類會有兩隻眼睛，正是為了準確測量自己與對象物體的距離或是對象物體的大小。同一個東西，左眼見到的影像與右眼見到的影像焦點不一，因此大腦會綜合兩個影像的差異，算出準確的相對距離。眼前立體的東西越模糊，遠處平面的東西越清楚。

胼胝體較小的男人腦與女人腦相比，左右腦的連結能力較差。男性腦對於兩種影像的差異更能明確清楚地判斷，也就是說，男人腦是天生適合看遠處的大腦。

從新生兒開始，將遠方的情報視為重要內容的男人腦，興趣往往偏向越遠越高的事物。眼前的玩具，他們在晚上睡覺前就已經玩膩了。開始學會爬之後，更是四處前進。小男孩容易被比自己高的機器人徹底吸引，有挖土機的機械手臂上下移動的工地現場，或是汽車、火車也都令他們著迷。

同時期的小女孩，則是喜歡把玩具一一擺好，在學會說話之前，她們已經會開始挑選衣服，也喜歡首飾類的玩具。如果希望她聽話，「啊，這個別針好可愛，來我們把鞋鞋穿好。」拋出這種稱讚，大概就能輕鬆搞定她們。

但是，如果用相同招數，這可騙不到男孩子。不過，如果說要給他一台車子，他什麼都會聽你的。對男孩來說重要的大事，是不停地開門或開引擎蓋、轉輪胎等。傾斜、轉動等等的動作都吸引他們的大腦。拜此之賜，某牌的汽車玩具系列不知道有多熱銷（有男孩子的媽媽想必都懂）。對了，在全盛時期，我家約有五十台小汽車，其中幾台還是父親的收藏。例如 Datsun、Toyota2000GT 等等，復古系列總是能打動中年男子的心。就算已經有太多台小汽車了，媽媽又不能弄哭小孩說要沒收車子這種話。

男人腦與女人腦的不同，等小孩再大一些，若他們喜歡畫圖，也可以從繪畫觀察到差異。

如果看四歲小女孩的畫畫，走的是寫實路線，畫地面時她會在下方先畫一條線（有時候是畫在圖紙下面的地面），然後在上面畫女生、小花、家。十個小女生，幾乎有十個會這麼畫。

然而，小男生當中有許多人都會畫俯視圖。他們的畫可能是公園溜滑梯上方看出去的展開圖，可能是側眼看過去的挖土機。我兒子的名（謎）畫之一，是一對乳房中有他的笑臉，畫作標題是〈媽媽〉，據說是他躺在我大腿上時看到的景象。畫作是〈媽媽〉，但媽媽本人只有乳房登場。我覺得那幅畫不僅構圖嶄新，名字取得也好，藝術層次相當高。（對，我就是寵溺小孩的笨蛋父母。）

他們畫中的視點，有時會設在自己從沒親身探索過的場景，從此處描繪世界。這在男孩子的世界很一般，在典型的女人腦中，卻會感到驚嘆。我看著在畫畫的兒子與他的朋友，忽然很想通通把他們抱起，大聲讚美：「你們都是小天才！」

拜此能力所賜，少年們可以從享受平面2D圖，進階到享受3D的模型圖樂趣，開始蓋大樓、建城市、造火箭飛向宇宙。男性腦的俯瞰力與飛往遠方的好奇心可說是無窮無盡。

對於男性腦雖然我有很多看不慣的地方，但這個世界若少了他們，相信也會遜色許多。

接著，稍微轉個方向來看。

對於遠近感較遲鈍的女性腦，面對眼前的世界，視線像是在看一張平面照片，所以，女性腦屬於對近身事物可以細細觀察的類型。

有了這個能力，女性腦不會找不到冰箱裡的奶油放在哪，到了別人家，也很快可以找到面紙盒的位置。所以女人會納悶，為什麼三歲小女兒可以辦到的事，三十五歲的丈夫卻做不到？男人常常找不到東西，無論是奶油、調味料，或是備用的牙膏，通通找不到。

女人不要生氣，男人並不是不認真找奶油，而是他們看不到冰箱裡的平面。

擅長捕捉遠近感的男人腦，會將冰箱內部視為三維空間，因此，他們看到的不是面，而是點。例如他們會看到眼前果醬的標籤，或是角落裡海苔罐的底部，透過這樣不斷觀測許多個點，將位置座落於大腦，自動計算出冰箱空間的寬廣度，以及物品的密集程度。所以，面對「找奶油」這樣的目標，他們的大腦因為處理了過多無用情報而延遲。只有偶爾，除非奶油剛好出現在最初的觀測點，否則就只有等到惹得太太不開心了，他們才會成功找到。

可以看到冰箱深處的男人腦，卻無法解開眼前的課題（找奶油），反而另外找出了過期的醬瓜放在哪裡，這一切都讓太太更加生氣。從先生的角度覺得天地良心，太太卻認為真是多餘。

在我家，除了我之外，有兩個優秀的男人腦在家，對於找東西我一點都不指望他們，聽到「牙膏沒有了」，在回答他們「在洗手檯下面」之前我要先踏出腳步離開，不然就會聽到那兩個男人腦開始碎唸家裡東西擺太亂，反而搞得我自己怒火中燒。

沒錯，當女人已經對於家事感到疲累，再看到男人擺出的這種態度，要不生氣也難。因為覺得負責賺錢的人比較辛苦，家事這種小事不想管，所以是把我當成物品自動販賣機了嗎？真是可恨，但若要開始吵架，對男人來說又是一場災難，畢竟這是他們能力所不能及的。

冰箱找東西就是一例，誠實的男人腦與女人腦，彼此真心對待，卻同樣對對方產生厭惡感。除了冰箱，男人女人之間所發生的悲劇喜劇，不是都很相似嗎？我們都是帶著真心誠意投入愛情，明明對感情認真卻一直彼此傷害，令人不知所措。這一切，都是胼胝體的厚薄不同所造成的，不是因為女人愛計較，也不是因為男人不用心，發現這個事實是不是很驚人呢？

所以我這麼形容它——這是世界之初的魔法。因為胼胝體這個稍微不同的厚薄細工，創造出了古今東西世界上所有的事物。我們的造物主，實在太偉大了。

順帶一提，男同志的腦，有絕大的比例胼胝體長得和女性一樣厚。當胎兒在母親的肚子裡，初期男孩與女孩的腦沒有不同，一直到了懷孕後期，受到男性荷爾蒙的影響，男孩的胼胝體才逐漸長得較薄。這個時期，若母親受到壓力，無法正常釋放男性賀爾蒙，男孩的胼胝體就會長得較厚。

也就是說，他們（她們？）長的是女性腦，以女人的心思，愛上男人。在腦科學中，這再正常不過。

然而，如果她們的肉體是男兒身，即使在社會中愛上男人是個禁忌，女性腦依然會排除萬難愛上男性腦。說了這麼多，我們的女人腦，沒有男人腦作伴也活得不開心。

從今天開始，就不要再叫老公找東西了吧！不僅如此，如果被唸「家裡好亂」也不要動怒，就想成他真是典型的男性，然後再次愛上他。將來到了無人島或熱帶地區，這種空間掌握力或許也有派上用場的一天！

當個愛情大贏家！掌握戀愛腦，就能操控對方的心

- 男人腦是天生適合看遠處的大腦。
- 女人腦屬於對近身事物可以細細觀察的類型。
- 我們都是帶著真心誠意投入愛情，明明對感情認真卻一直彼此傷害，令人不知所措。這一切都是胼胝體的厚薄不同造成的。
- 從今天開始，就不要再叫老公找東西了吧！不僅如此，如果被唸「家裡好亂」也不要動怒。

少女腦的憂愁
少年腦的悲傷

我的兒子在六歲的時候，
曾在客廳煩惱一件事。
題目是，
我的媽媽會不會跟我一起上太空。

戀愛腦指南

少女與少年邁向成熟的程序截然不同。

再多說一些關於大腦的話題吧。

喜歡細細觀察眼前事物的女性腦，興趣會自然集中於自己身邊的事物。因此，在身手可及的範圍內的東西，她們都會好好愛護。因此，就算有些小缺點，女人總認為自己的小孩是世界上最可愛的，一邊抱怨老公，其實心裡覺得還是老公最可靠。

有趣的是，同時有老公和情人（或是憧憬的名人偶像）的女人，若是問她：「如果妳和老公還有情人，三人同在即將沉沒的鐵達尼號上，妳會叫誰來救妳？」除了那些老公實在太糟糕的妻子，幾乎所有的人都會選擇讓丈夫來救她們。她們一致認為，丈夫會救活自己。「如果他不在，我就自由了。」就算是平常會把這種話掛在嘴邊的人，也是如此回答。不過，其實這樣嘴硬的她們有時候也會說出「如果是為了我親愛的○○，我死也願意。」這種話。

然而，如果去問有婦之夫，「如果你和妻子與情人同時上了即將沉沒的鐵達尼號，救生艇只能再載一個人，你會選擇讓誰活下來？」全部的人，都選擇太太。據說是因為，他們會把小孩和父母託付給妻子，自己抱著戀人一起死。答案實在太蠢，我快聽不下去了。

那，若是換成救生艇只能載二人呢？男人們毫不猶豫，都說自己會讓兩個女人都上船（真的假的？）。而女人的答案呢，若只剩下一個位置，居然是選擇自己活下來的人居多。哇！

所以了，喜歡細細觀察眼前事物、興趣集中在身邊事物的女性腦，對於位於中心的自己最有興趣，也認為自己最可愛。

興趣在自己身上的女性腦，早早便認識了「自己的心情」，同時，也在意自己在周圍人眼中的形象，所以女人並不是「有男人的腦子」

喔，西蒙波娃女士[1]。女人，就是被生為女人。

就這樣，少女的自我越來越膨脹，到了青春期前夕，已經比地球還大。女性腦的成熟，其實就是這個膨脹的自我逐步縮小，成長到與實際年齡相符的過程。認清他人的視線、社會的視線，然後了解旁人並不像自己認為的那麼在意自己。這是正確的理解，也是悲傷的理解。

「自我的確立」是為了少年發明的詞彙，到了少女身上，用「自我認知重組」比較適合。哲學、心理學、教育學，大半都是男人開創的世界，對於女人的心情自然無法完全描述，有時連醫療也是如此。女人們，其實可以更加投入在學問研究上。

1 西蒙波娃（Simone de Beauvoir，1908-1986），法國作家、女權主義者，著作《第二性》（*Le Deuxième Sexe*）被視為現代女權主義的奠基作品。

另一方面，過去傳統的父親，會教訓女兒「妳不自量力」，指責身為女人還不知道自己輕重。這在社會學上是很有問題的發言，對於腦科學來說卻是不可或缺。在自由至上的現代，今日的父親，已經無法阻擋女兒膨脹的自我。想當然，膨脹的自我與社會接觸後勢必會受到打擊，有時候甚至可能和女性朋友或媽媽的自我互相牴觸。

一旦少女的自我認知重組失敗，注意力回到自己身上，可能就會開始憎恨或攻擊自己。身體若是怨恨宿主，便會出現拒食或過食的行為，這些情況幾乎都發生在少女身上。日本曾一時流行的一〇九辣妹，不洗澡的高中女生，在我看來都是女性腦為了傷害自己的悲鳴。

當家庭中有少女患有飲食障礙，許多專家會將矛頭指向母親，其實，責任更在於無法統治家中共存的女性腦的父親。

父親該疼愛的是自己的妻子，首先請好好認識妻子的女性腦，若認為自己還有責任讓女兒認清事實，情況反而危險。前方已經沒有路的妻子，她的女性腦面對未成熟的女兒的女性腦，會下意識地攻擊。一個屋簷下，容不下兩個比地球還大的自我。

耿直的男士們，在這裡不用急著聲討「但我就是覺得女兒比較可愛啊！」，這時不要太當真，反而要適時說一句「女兒很可愛，但妳更可愛！」，或是加些變化「女兒是亭亭玉立，妳是優雅大方」，別忘了女性腦會因為一句話就能感到安心。小時候我們被教導「不能說謊」，現在不一樣了，男人婚後能不能貫徹謊言才是誠意所在。

如果是有小男孩的家庭，由兒子來照顧妻子的女性腦，對爸爸來說真是一件樂事。「世界上最漂亮的就是我媽媽」、「媽媽是宇宙第一美女，我最喜歡妳」這些爸爸倒立都說不出口的甜言蜜語，小男生可以說得非常真心。

我家小孩兩歲的時候，有一次指著車站牆壁上廣告看板的模特兒大叫：「媽媽在這裡！為什麼？」當時，在他的世界裡最厲害的女性，就是他的老媽子我。大概是因為他的世界裡會塗紅色口紅的人只有我一人，所以才會誤認吧？當然我要澄清，我跟廣告看板的模特兒一點都不像。周圍的乘客可能紛紛狐疑著：「這個小孩的媽媽在哪裡？」掃描了我一眼，卻還是不認為我就是他媽媽。而我，只能像橄欖球員般將他擒抱，然後逃亡。一邊跑兒子還是一邊大喊：「媽媽，就是那張照片啊，妳有看到嗎？」這件事光回想都很羞愧。不過，面紅耳赤的同時，也有點開心。謊話也愛聽，這就是女人，男性讀者們記住訣竅了嗎？

不過，小男生的爸爸也不能一直大意。當兒子到了青春期，爸爸若是不攬回至今交託給他的撫慰女性腦之工作，兒子終究無法自立。當然，明白事理的母親，會讓小孩自立，但有許多案例是，母親連同兒子一起離開了父親。家庭內撫慰自己的角色不在了，於是開始向外尋找。兒子考上大學後，母親自己宣布要離婚，這樣中年離婚的案子不是還不少嗎！

若家裡是由小公主組成的家庭，一家之主要說服的可就不只妻子的女性腦而已。如果家有三公主，不管是長女、次女，她們的心情也都要照顧。最初的好時機，是幼女誕生的時候。即使姐姐還年幼，但女性腦已經聽得懂甜言蜜語。「爸爸還是覺得妳最可愛，不要跟小寶寶說喔！」（嗯，小寶寶也是世界第一可愛，只是世界第一有兩個人喔。）

當姊姊認為自己獨占了父親的愛，自然會認為自己應該愛妹妹。有了更深的慈愛，於是成為一個好姊姊。爸爸們若覺得有了第二個孩子後，排行上面的小孩變得具有攻擊性，就是你出場的時候了。作為一個女孩的父親，這是必須要完成的功課。

當然，對於小女兒也要照顧到，將來長大了一起散步的時候，可以跟她說說「爸爸還是覺得小女兒最貼心」這樣子的告白。

錯過第一次機會的父親，在女兒鬧彆扭的時候、出嫁的時候、離家後又回家的時候，都還可以試試看。父親的愛會讓女性腦感到滿足，被父親寵愛而產生的自信，對於她日後的男性關係也有幫助。即使是對四十歲再度返家的女兒，這些話永不嫌晚。

我的父親是一個相當重男輕女的人，然而在我生女兒的時候，他感覺相當喜悅。我生兒子（他的第一個孫子）的時候，父親表情嚴肅地說了一句：「讓我想起了妳出生的時候。」我問父親：「我的出生讓爸爸很開心嗎？」他的回答讓我至今難忘。「人生第一個孩子出生啊，我真的很感謝上天，妳的成長過程中的每件事我都記得，倒是妳的弟弟，我就記不太住了。」

原來我從小還是被寵愛的，聽到這些話我還一時緩不過來，沉浸在感動之中。聽到這些話，我才覺得自己也是在愛中成長，腦中原本的記憶因為愛的記憶而改變，一句話就改變了三十多年的想法。女性腦，果然很需要這些，有女兒的父親們，請不要再害羞了！

現在，我們把焦點再回到同樣很可愛的男性腦。

相對於少女喜歡關注自己，少年的興趣不在自己身上，而是渴望向外發展。一歲的時候還沉溺在工地現場的他們，到了小學，興趣可能已經航向宇宙與太空。

我的兒子與他的死黨，在他們六歲的時候，曾在我家客廳圍成一圈，煞有其事地在煩惱一件事。題目是，我的媽媽會不會跟我一起上太空。

「我覺得我媽媽會去。因為她也很有好奇心。」發言的人是我兒子。「對不起，答案是不要！」我當場回了一句。我們的身體只能適應地球，隨著年紀越大適應能力越低，我可不想離開。

「即使地球要滅亡了？」

「嗯，我選擇跟地球一起滅亡。」

「那我也不去。」

「你們必須去啊，你們有創造未來的義務。」

說著說著，兒子的一個朋友哭了起來。

「如果你的媽媽不去，我的媽媽一定也不會去了啦！」

這下所有小孩都開始啜泣了。

「媽媽，我不要妳死掉。」兒子眼眶紅了。

哎呀，這下我該怎麼收拾？這時恰巧又看到他的石門水庫沒關……

大哥，比起宇宙或地球的未來，先關心一下自己的褲子吧！

「男生要變成大人沒有那麼簡單喔！不過，我知道了，如果你們那麼需要媽媽，我就一起去，我也會邀請你們其他人的媽媽一起去的，不用擔心。」

雖然心裡嘟囔著這又不是小學生巴士旅行，但還是先讓他們安心吧。實際上，賭上人類命運的太空船，應該沒有過了生育期的女人座位吧。不過，現在不是追求真相的時候。

我家兒子，今年十一歲，到現在穿褲子還是不拉拉鍊。他本人不以為意，說又看不到小雞雞，衣服也可以遮住……等到哪一天，拉鍊拉得好好的，大概就是青春期開始的前兆了吧？我覺得這個日子不遠了。

興趣向來不在自己身上的小男生開始注意自己的時候，就是青春期來臨了。變聲的同時，開始區別自己與母親，以確立自我。這個時候他們的自我，並不是探索未來的自我核心，而是以某個憧憬的偶像人物為模型，尋找可套用的自我模型。

同時期的少女在感到「自我感覺」的調適失敗後會傾向攻擊自己，而少年的怒氣大多是向外發展，當他們感到「自我確立」的過程不如預期、跟不上心中的偶像，少年會感到幻滅，進而開始怨恨父母、怨恨老師、怨恨社會。

但是，這一切對於少年在自我的確立上多少是有必要的。可憐的男性腦為了在生物競爭中勝出，心情受挫後必須要以某個英雄為目標，無論是具有運動專長，以成績取勝，或是更有男子氣概，當個人氣王等等。當年那個想帶媽媽去太空旅行的纖細少年，如今心中已經有某種粗糙的男子形象。在某個時期，他們怨恨他人，或者應該說，他們想讓別人怨恨自己。

所以，媽媽這個時候會被兒子徹底地排斥，不小心多說一句話，就會引起兒子的強烈反彈，而且臉上毫無懼色。這時，只要兒子沒有明顯的暴力傾向，媽媽們就說服自己忍一下吧。他們可愛的男性腦，正在驅逐媽媽的女性腦。若不如此，太空人、牛仔、博士、藝術家等等都無法誕生。只有男性雄風的男性腦立足了，優秀青年才會回來。

這個時候，父親也會被女兒嫌棄。當女孩子被壓抑自我，周圍最近的男性便是父親，父親成了自己的男性觀察對象。男人的味道、更粗的骨架、低沉的聲音、扎人的鬍子……爸爸這時成了「不乾淨的男人」的代表人物。然而，這種感受卻會成為女生之後的性發展關鍵，不舒服的感覺將成為發情的材料。爸爸們，為了女兒的將來，這時候就讓她們盡情討厭你吧！當她們的女性腦成熟了，那個溫柔的女兒會再次回來。

像這樣，少女與少年邁向成熟的程序截然不同。

青春期之前，他們依賴異性的父（母）親，也恫嚇同性的父（母）親。到了青春期，與異性的父（母）親唱反調，並走向獨立。

不過，女性腦的自我確立，相當於放大的自我逐步縮小成符合實際年齡的過程，與男性腦的自我確立不可一概而論。

媽媽與女兒，表面上關係良好（顯然我們也是這麼自認為），情感上的糾結卻比父子間更深。

很可惜，佛洛伊德（Sigmund Freud）的系譜學，解不開女兒心。

當個愛情大贏家！掌握戀愛腦，就能操控對方的心

- 女性腦的成熟，其實就是膨脹的自我逐步縮小，成長到與實際年齡相符的過程。
- 少年腦的獨立，不是探索未來的自我核心，而是以某個憧憬的偶像人物為模型，尋找可套用的自我。
- 父親該疼愛的是自己的妻子。當妻子面對未成熟的女兒的女性腦，一個屋簷下，容不下兩個比地球還大的自我。
- 「女兒是亭亭玉立，妳是優雅大方。」別忘了女性腦會因為一句話就能感到安心。男人婚後能不能貫徹謊言才是誠意所在。

成熟腦的快樂

每一種大腦，
都為了主人的人生而活，
並擁有最佳性能。

戀愛腦指南

男女之間，因為無法互相理解，才會有所謂的浪漫。

家有女兒，會改變一個男人關心的方向。

在女性偏多的家庭，男人在外的男兒本色反而會變得柔和。男人的思慮轉變得比較纖細，這對於從事管理或是服務業的男人來說，工作上也更有助益。

這時，男人會更受到那些不適應男子氣概的年輕女子（可能家中只有姊妹）的歡迎。男人被吸引，感慨這麼純真無邪的女生為什麼不在我單身時代的時候出現呢！身為一個女兒的父親，你是否有過類似的經驗？醒醒吧，這些女生在你的單身時代是不會出現的，正因為你是一個小女生的父親，才會受到這類女生的歡迎。

可惜，這樣的你對於性格穩定的成熟女性來說，稍嫌不夠刺激。例如，女性對於久別重逢的男性朋友，容易感到對方魅力不再，一聊之下，還發現原來他剛剛當上父親，這樣的故事所在多有。這個見面中途發現的差異，搞不好還會突然讓女生聞到對方的體臭，連費洛蒙的分泌反應都改變了也不一定。

相反的，只有兒子的父親，因為家中男性腦供給穩定，男人在外的行為還是像個少年。家裡的事情插不上手，讓他們苦無發揮之處。這些男人對於在男人堆中長大的女生會產生興趣，儘管他們並不擅長與女生相處。

如果家裡孩子有男有女，或是孩子長大獨立後，上述情況就會趨為中立化。除此之外，與家人同住的年輕單身男生，他們大腦的歡愉感受與家中兄弟姊妹的男女比例、或是職場上的男女比例，也息息相關。這是因為我們的大腦傾向達到各種平衡，大腦在無意識間會希望保持組織內的男女比例各半。

這裡的說法或許大家會覺得有點紊亂，讓我們再整理一下。

胼胝體的厚薄，使男女開始產生相異點（也就是三維空間、點型的認識，與二維空間、平面型的認識）。這個基本的差異，為男女帶來了各種悲劇喜劇。

我們的大腦對於異性腦的功能，會透過後天的學習來取得。並不是女性就不會畫機械圖，男性就都不擅長講話。從根本而言，男人就是男性腦，但其他部位仍然擁有女性腦的功能，反之亦然。

像這樣，其實我們會隨著環境不同，改變自身大腦中的男性腦、女性腦的使用比例，來適應這個社會。比男人的男性腦更發達的女人，或是比女人的女性腦更發達的男人比比皆是。尤其是在男女比例不均的職場上，異性腦發達的人往往表現出眾，也更活躍於職場。

那麼，為什麼會有異性腦發達的情況呢？其實我們的腦會偏向哪一種大腦，受到家庭、學校、職場的深遠影響。但並不是說，家裡兄弟多的小女生，男性腦就會較發達，事實上反而相反。

我們的大腦，傾向取得環境中的男女腦平衡，即使是夫妻與一個小孩所構成的家庭環境，哪一方的男性腦比較強，另一方為了取得平衡就會傾向發揮更強的作用。也就是說，女人若是和男性腦：女性腦的比例為七：三的男人交往，她的男性腦：女性腦的比例若不是三：七，兩人的關係就需要更多磨合。然而，這是朝夕相處的二人所形成的相對關係，因此這個男人並不是和每一個女人交往，他的男性腦：女性腦的比例都會呈現七：三。

我和我的另一半，都屬於原生腦發達的類型。二人獨處的時候，他的男性腦發達程度是九，我的女性腦也是九，也就是說，我們二人男性腦：女性腦的比例是九：一、一：九。這種關係真是太難了，我們屬於相愛相殺型的情侶，即使是小事也會傷害彼此。

男性腦：女性腦的比例為七：三左右，大概是最浪漫的關係，這是可以有說有笑、一起邁向終點的組合；如果男性腦：女性腦的比例是六：四，則是做什麼事都有默契、感情像朋友般的情侶；如果，比例達到五：五，彼此大概就不會有什麼火花或感覺了。

有些情侶中，女性的男性腦比例較高。若女生使用了七成左右的男性腦、男生使用了三成，這樣的情侶意外地也能成功。女性異性腦較強的情侶，會是能關心對方的幸福情侶，這是因為，他們彼此的原生腦對於日常使用的異性腦，有深刻的理解。

那若是男性的女性腦比例較高，與女性交往順利的案例呢？我還沒見過。不過，我想他們大概會好好地愛男性吧。

在職場或群體中，當大腦聚集在一起，就會下意識地彼此探索，或相互感應。

舉例來說，公司裡都是女性員工的女老闆，她在職場上的思維必定會偏向男性腦。而男性員工較多的男老闆則相反，他會比一般的男性更常使用到女性腦這塊。

當然，充滿男工程師的科技大廠研究單位，活躍的管理階層通常是能發揮女性腦的人才。

我雖是女校出身，身邊卻圍繞了許多男性腦優異的帥氣女子，拜此所賜，我的校園生活過得非常舒適。若情況換作男女合校，被男性包圍的女性同儕團體，女性腦之間互相受到牽制，生活應該就沒有那麼愜意了。

不可思議的現象還有一樁。男性群體中的男性腦可以在維持本色下共存，然而女性群體中的女性腦卻會彼此威嚇，無法以本色共棲。只要想像運動界的團體，或許就可以明白，組織與男人遇強則強，大夥兒可以一起邁向更崇高的目標。而在其中，擔任女性球隊經理般角色的男人，也能在男性腦不受到否定的情況下，發揮女性腦的功能。

在女性團體中，女人則是需要捨棄女人的特色來發揮男性精神，若團體中沒有帥氣型的領導者，通常無法統一大家的意志。一手包辦男性腦功能的帥氣女性，通常也是個美女，能讓周圍女性言聽計從。大家都借由削弱自己的女性特質，來融入這個團體。在這樣的團體中，每個人的女性特質，若無其他壓力是不可能增生的。

在純女性的特殊團體中，在長女誕生的那一天，威脅女性腦的壓力便開始產生，最初，是媽媽的女性腦感受到稍微的壓力，但若是接下來次女也誕生了，壓力也會增強。

在姊妹中要顯得突出或優秀，女性會被賦予更大的期待，在這樣的環境中，她們的女性腦不可能得到發展。這也是為什麼女系家庭中的父親，必須努力肩負家中男性腦的角色發揮。

也就是說，在兄弟間成長、以男性為主的職場工作，再加上家中只有兒子的父親，基本上男性腦的比率會偏高。男性腦機能由於在男性團體中過剩，日常生活中無法充分消耗，便開始向外擴散。無視女人心的也是同一群男人。

但我在此還是要讚揚堅定的女性腦。對於終極的浪漫來說，有其必要。男女之間，因為無法互相理解，才會有所謂的浪漫。

另一方面，在姊妹中成長、在女性居多的職場工作、家裡只有女兒的職業婦女，表面上看似非常女性化，其實她的女性腦早已承受過多威嚇，發展得並不成熟。（正確說來，悠哉成長的小女兒不在此限。）

因此，擅長模仿男人、在男性社會中活躍的帥氣美女社長，通常都屬於這個類型。

這個類型的女人可以說是難得的好女人，男女關係卻是她不擅長的科目。她拒絕向男人撒嬌，也不喜歡過度的性愛，她喜歡的是恬淡、清爽的感情。不過，這類型的女生無論是禮物或是讚美，都喜歡受到追捧，通常她們會與複數的男人交往，但不深交。

從男性腦發達的男人看來，這類女人很漂亮，但是不好追，就像是不能拿來煮也不能烤的金魚……不過，興趣是純觀賞魚的男人還是不少的。近年來，這樣的女生似乎比擅長撒嬌的女生還受歡迎。我的解讀是，隨著時代進步，家庭中母親的角色保持年輕活力的時間延長，讓家中男性的女性腦比率也開始提升了。會是這樣的理由嗎？

如此分析下來，每一種大腦，都是正解。身為女性，但女性腦不發達，不過她擁有優異的工作能力，也受到男性歡迎。當然，悠哉型的女性腦，與男性腦發達的男性交往，隨著關係加深逐漸享受性的快感，這也是另一種幸福。

每一種大腦，都為了主人的人生而活，並擁有最佳性能。大腦，並沒有優秀的大腦和不優秀的大腦這種分法。

當個愛情大贏家！掌握戀愛腦，就能操控對方的心

- 我們會隨著環境不同，而改變自身大腦中的男性腦、女性腦的使用比例，來適應這個社會。
- 在男女比例不均的職場上，異性腦發達的人往往表現出眾，也更活躍於職場。
- 男性群體中的男性腦可以在維持本色下共存。
- 女性群體中的女性腦卻會彼此威嚇，無法以本色共棲。需要捨棄女人的特色來發揮男性腦精神。

祕密女人心

女人，只要做的是開心的事情，就算沒有成果，她們也認為這段時間的積累在自己的人生中有所分量。

戀愛腦指南

如果說男性腦的關鍵字是「空間」，
那女性腦的關鍵字就是「時間」。

「等梅雨季過後，我們過橋，找一間店來喝啤酒吧！」

我的另一半，難得提出了約會提案。一直以來，總是我提出想去這裡、想去那裡，而他因為太忙總是否決我的提議，偶爾會答應，也只是因為看我不高興了，才勉勉強強順從。

這時雖然有點開心，但對男性腦還是不能大意。這個男人的陰謀我還是略懂一二。他的意思是：「在梅雨季節這段日子，就放我自由吧」。

我的另一半，對於溽熱的天氣極不適應，可以說在那段時期，他完全就是個無用之人。

「你看，今天有這個活動耶。」

「太熱了。」

「如何，要不要去？」

「襯衫都黏在身體上了，很不舒服。」

「你有在聽我說話嗎？。」

「我受不了下雨。」

我其實受不了一個大男人每天拿天氣冷天氣熱來搪塞，但在梅雨季節結束前，還是暫時休戰吧。不要一個不小心，真的變得討厭他了。

不過，梅雨來臨的這三週，我也過得很開心。

為了襯托梅雨離開後的隅田川景色，我剪了短髮，買了一件削肩水藍色洋裝，穿上白色露根涼鞋，為了搭配涼鞋塗上銀白色的指甲油，腳部去角質也做得很徹底。順便還減重了，大約二公斤。我準備好了聊天的話題，中間還抽出時間自己一個人去了趟美術館。

所以，到了約會那天我讓自己變得更美，心情自然也很愉快，才喝完第一杯啤酒，我感覺他對我的愛意更濃了。

但是……

再仔細想想，我的另一半這期間做的事情，就只有三週前說的那句「等梅雨季過後……」，這段時間沒打電話也沒傳訊息，認真說起來，洋裝不是他買給我的，美術館也不是他跟我一起去的。而且我發現，我不滿的情緒根本沒有化解。

女人心的祕密，就在這裡。

女性腦的情緒，是一種積分函數。它會依照時間軸，慢慢地累積。如果說男性腦的關鍵字是「空間」，那女性腦的關鍵字就是「時間」。

過了三週愉快的生活，也累積三週的情緒，女性腦就是這麼可愛。女人喜歡去沙龍，卻不單純是為了變美。她花的時間，亦是為了得到別人的重視。因此就算別人說原本的髮型就很適合她，她也不會因此感到喜悅。女人的「旅行」，意義經常不在空間上的移動，而是對時間的貪欲。如果對一個女生說，從我家出發只要三十分鐘就能到達湯布院，她可能沒什麼感覺，但如果是跟男生說，從丸之內的辦公室到銀座只要十分鐘，他一定會覺得這樣很愜意。這就是男女的差異。

換言之，哆啦A夢的「任意門」在靜香的眼中可能不夠厲害。女人若突然被放在外太空，她並不會覺得自己就是太空人。如果突然把她放在溫泉區，就算她覺得泡湯很舒服，女性腦還是會忍不住動怒。無論何時都笑咪咪的靜香，應該是從男性腦的幻想中創造出來的少女。從腦科學來看，這根本是嚴重的性別歧視吧？

例如，男人事先裝作不記得女方生日，當天卻突然把她帶到一間有酒吧的高級餐廳，再獻上一束玫瑰花，以為這樣能加分。以為女人對這樣的驚喜一定都無法抗拒？大錯特錯！對女人來說，完全是欲哭無淚。

為什麼呢？對女人來說，去高級餐廳一定會想精心打扮，但因為男方事前沒有表示，導致她沒有穿上恰當的衣服，實在太不適合了！因為沒有先告知，女人的打扮跟往常一樣一派休閒。男人無法區別隆重與休閒，但這點女人可不一樣。

如果男方能先告知，女方在化妝前可能會先敷個美白面膜，前一晚先燙好新外套，也想弄一下頭髮，或是在到達餐廳前計畫二人可以先去哪兒走走。而這些樂趣全部都被男方奪走了。

不過，有些女人個性溫柔，對於男人製造的驚喜她會假裝很開心。她可能會想，這個忙碌的男人可能到了中午才發現今天是我生日，慌慌張張下已經盡全力準備，這樣也算有誠意了。

即使如此，很可惜，在她心中真正的感覺還是「不被重視」，這個生日留下的是難過的回憶。這樣的想法會隱藏在她的潛在意識，並不是靠她的溫柔就能輕易恢復。男人啊，要銘記在心。

相反的，即使沒有空間上的移動，只要讓女性腦感覺她獲得的是時間，她也會感到滿足。

在結婚周年紀念日的兩週前，望著月曆說：「今年是星期天呢！我們找一支好的酒來慶祝吧？」只要這樣的一句問話，等於是向女人施展了魔法，可以說已經萬事俱備。在這兩週當中，每當她想到你，只會覺得你是個溫柔的人，即使只是在家小小地慶祝，她也會精心換上新桌巾，與你開心共度。

如果我是男人，我會一年為女人準備十二次活動，我有自信可以讓她一年三百六十五天都有被呵護的感受。

回到男人陣營，聽聽他們有什麼話想說。有許多人說，如果讓對方這麼期待，當天卻臨時因為工作不得不取消，那後果才是不堪設想！不會的，讓我們再複習一次。女性腦是以時間為軸來儲存情緒，即使當天的喜悅是零，這三週累積下來的快樂也不會消失。

「對不起，真的是太忙了。」

「沒關係，就算不是慶祝梅雨季結束，秋天喝啤酒也很美味。」

像這樣，事情也會過去。畢竟對女人來說，這比想著要買什麼披巾來配洋裝要開心多了。女人此時的諒解，也能格外展現她的大度。這一切，可能都在男人的計策當中。

擁有溫柔女友的男人，每個都是賺取時間的高手。「銀杏樹換色的時候，我們去神宮外苑走走吧！」、「等氣候再冷一點，我們去京都吧。」他們一年到頭會提供類似的期待。細想一下，就會發現他們並沒有多花什麼時間在約會上，或者實際上履行的約會也只有口頭約定的一半。但這樣就夠了。

男性腦，傾向在當下辯論虛實，如果他們認為成果是零，那一切就是零，男人喜歡的箴言是「埋頭苦幹」，他們認為提出無法完成的目標、或者最後成果是零，心情會更糟糕。

因此，在男性腦看來，成果的積累很重要。累積成果，頭銜會更上層樓，他們藉此確認自己的人生在往上走。

而女人，只要做的是開心的事情，就算沒有成果，她們也認為這段時間的積累都在自己的人生中有所分量。這也是為什麼，女人願意做家事，也願意育兒。

這樣說來，男人在經濟起飛時期全力投入工作，今時今日卻面臨裁員危機，他們的苦，女人或許無法真正了解。

有一部年代久遠的美國電影《克拉瑪對克拉瑪》（Kramer vs. Kramer），男主角達斯汀·霍夫曼（Dustin Hoffman）飾演一個熱中工作而罔顧家庭的丈夫，在他工作上終於有所突破的那一天，回家後卻發現妻子要離開他。「升遷又如何？在你的夢想中，從來沒有我和兒子的位置。」妻子這麼說。

對克拉瑪先生來說，直到昨日，人生的情緒感覺值還是零，得以升遷後人生才有了真實的感覺。他想將這份滿足與家人分享，明明從今天開始他終於也可以想想家人的事情了，現在卻不知所措。

對克拉瑪太太來說，升遷不過是一時熱鬧，只知道追求它的人實在愚蠢。丈夫從來沒參與過自己的人生，導致她終於爆發。今時今日，這個男人的積分可以說已經趨近於零，卻因為升官而手舞足蹈，令人惱怒。

很可惜的，電影似乎是用「丈夫升官了，我卻還是個家庭主婦」表現女性在這個故事中的忌妒，或者暗示如果這個女主角今天才二十多歲，也許會有不同的反應。

這兩個人，都認為自己被對方所傷，這個巨大的決裂便來自於「以時間為軸的女性腦」與「依賴成果的男性腦」二者間永遠的大鴻溝。

隨時間累積情緒的女性腦，面對負面情感也是一樣的反應。累積再累積，當她過了能夠忍耐的門檻，便一次爆發。爆發後，再次歸零。但她的憤怒並沒有因此結束，一切已經無法回頭。

男性腦，則是傾向當下判定虛實，能夠容忍三次的事情，就能夠容忍一千次，這就和女性腦不同了，忍受了一萬次的事情，在一萬零一次忍受不了終於爆發後，她便不會再感受到相同能量的情緒。

例如在新婚之夜時，「老公，襪子不要隨便丟喔。」妻子說了這句提醒，丈夫覺得她頂多明天再提醒一次，隔日依然故我。妻子試著好聲好氣說了幾次，直到某一天開始，她便不再開口要求丈夫。這時，丈夫可能還以為是自己「教育成功」而自得意滿起來，殊不知大意失荊州，就算相安無事二十年，有一天棉被裡的襪子，也可能會讓你的老婆情緒大爆發。

這隻襪子，又黑又大，像隻蛞蝓，妻子要用筷子夾才敢拿到洗衣機清洗。事情到了這個地步，連丈夫用的毛巾也開始嫌惡，口氣也有味道，總之這個人一切都讓妳看不順眼。這幾乎就是中年離婚案件的真實寫照。

而丈夫們對於昨天自己還被接受、今天卻不被允許的事情感到不解。就算如此，胡亂推測「妳是不是有了別的男人」產生邪念也是不智之舉。這單純是因為妻子無法再忍受丈夫。就算真的有了其他人，女性的怒氣也是更早之前就存在的。不願意聽女性訴說原因，只知道追究「那個男人是誰」的丈夫，對妻子來說，就真的只是一個令人厭惡的存在了。

如果不希望中年離婚，建議男人們最好多加注意，關鍵句就是「時間累積的情緒」。

就算分數被歸零了，二人去一趟小旅行或許會有幫助。在旅行這段特別的時間裡，對女人來說，就像虛擬的人生時光。一次的旅行，可能修復十年的婚姻生活。要記得，從計畫到實行，中間的時間要隔得長一點。拜託拜託，千萬不要看了我的書之後，在工作空檔就訂了機票，回家馬上跟老婆說：「我們走吧。」

當個愛情大贏家！掌握戀愛腦，就能操控對方的心

- 即使沒有空間上的移動，只要讓女性腦感覺她獲得的是時間，她也會感到滿足。
- 在男性腦看來，成果累積很重要，頭銜更上層樓，他們藉此確認自己的人生在往上走。
- 當兩個人，都認為自己被對方所傷，巨大的決裂便來自於「以時間為軸的女性腦」與「依賴成果的男性腦」的大鴻溝。
- 旅行對女人來說，就像虛擬的人生時光。一次的旅行，可能修復十年的婚姻生活。

美女的祕訣

善用智慧，
女人的保鮮期意外地會相當持久。

戀愛腦指南

男性腦感應的是空間，比起女人的妝容或指甲，男人更容易被她在空間中的身影迷倒。

好了，在男人無法理解女人的關鍵字「時間」同時，女人也無法理解男人的關鍵字「空間」。

女性腦的空間思考，基本上只有一種形式。在同一個地方，把家庭、職場、小孩的遊戲區等全部算進去，無論是家事、工作、或是陪小孩子玩耍，她們傾向放在一起思考。

例如，如果工作時外頭忽然下起雨了，女人會想到孩子沒有帶傘，同時，她還會想到自己今天穿的是高級的真皮鞋子，所以「等一下要先去買防水噴劑」，她會反省自己「怎麼沒在公司放一雙雨天備用的合成皮鞋子」，再因為「家裡窗戶好像沒關」而不安，同時又想起回家路上的麵包店會有雨天折扣，要順便買個麵包，這所有的想法，一瞬間全湧現在她的腦中。

再加上，男友（老公）是不是沒帶傘正在淋雨？他有沒有備用傘呢?同時回想起兩人一起淋雨的情景,以及雨中約會的回憶。

也就是說,在一個思考空間中,她可以同時想到過去和未來、戀人與丈夫,還有小孩。這是因為,對於重要的人或事物,女人總是放在心中。在她思考時,這些人事物會一直不時冒出來。

就算是外遇的時候,她心中還是有正牌男友的位置。埋首忙於工作中,她也沒有一刻會忘了自己的孩子。我的一個女性朋友就這麼說過,她曾經在做愛最高潮的時候,擔心瓦斯是不是沒關,還停下來去確認,真是敗給她了。即使處於快感中,女人的思路一樣如此。對於女性腦來說,似乎所有的事情都比兩個戀人之間的事情好解決。

在工作空檔或是通勤中,打電話或傳訊息給戀人或小孩,也是女性的強項。這正是因為她們擅長將所有事物載入同一思考空間來處理。

因為自己是如此,女人自然期待男人也和她一樣。如果在乎,工作空檔就應該傳封簡訊。「如果不回家吃飯，至少可以打通電話告知，這不是在去洗手間的途中就能解決的事情嗎？」對於煮了晚飯卻白費工夫的妻子來說，可是浪費了三十分鐘以上的時間，原本想收拾家裡的時間都沒了！

但是，男性腦就是做不到。

男性腦的思考空間，並不是只有一個。男人的大腦，像是一間複合型的電影院存在複數的思考空間，思緒會在所有的空間中來回。例如，離開家門後上了電車，他的思考空間可能會遷移至工作模式。一旦如此，剛才揮手說拜拜的家人或是昨晚看的連續劇，都成了遙遠的存在。工作中的男人，看到外頭下雨時，並沒有人會想到「老婆早上才晾棉被，真是可憐」。對於老婆煮飯白費辛勞感到抱歉？事實上，大多數的男人即使看到晚餐，也不會想到這件事。

在男人和年輕女子用餐的時候，家庭對他來說是模糊的概念，但這並不表示他會將眼前的女子與老婆相比。老婆，在屬於老婆的空間時，她的重要性便是100％，這和年輕女子對著自己笑容時的感受，分別屬於不同的世界。

男人離開老婆（或女友）的空間後，本來就不會頻繁地打電話或傳訊息聯絡，這並不是因為他在和年輕女子約會才這樣，女人大可不必每每動怒。

另外，關於家庭空間以外的「今天一天過得如何？」這類問題，也會讓老公感到很痛苦。對於男性腦來說，這代表必須再進入其他思考空間，調度其他的思考項目。

「以前來過家裡的那個○○，你們現在還是同單位嗎？」

「嗯。」

「他現在怎麼樣？」

「什麼怎麼樣？就每天上班啊。」

妻子只是想要閒聊，卻會被這樣潑冷水。在新婚時期，類似的生活分享故事很多，但是當丈夫的大腦中所謂「家庭空間」完全形成後，就鮮少會將工作話題帶回家了。這不是因為倦怠，而是因為男性大腦就是如此運作。

但是妻子依然想跟丈夫分享剛才在超市發生了什麼事、誰家的太太如何如何……這對女性來說，其實是釋出善意。所以，丈夫們快搭腔吧！等到中年離婚一提出就晚了，這些話你想聽都聽不到了。

女人，將所有需要思考的項目放在同一個平台；男人，則是擁有好幾個平台，而且每個平台的世界觀或是投入程度都不同。男女在這點的差異，除了顯現於日常夫妻對話，也會造成許多摩擦。

例如，引起忌妒。

女人，當男人和自己在一起時，會懷疑他是否還忘不掉其他女人，並感到忌妒。和有婦之夫談戀愛的女人，只要男人說話時語氣稍有停頓，她就會懷疑對方是不是在想妻子。因為她自己就是如此。

男人，也會懷疑女人沒和自己在一起的時候，是不是就完全不關心他了。因為他自己就是如此。

但答案是兩者皆非。女人對於心愛的男人，無時無刻都會想著對方；而男人只要和戀人在一起，也不會想到太太。

同樣是忌妒，男女之間的感受大不相同。每個人都努力想化解對方的忌妒，可惜都定錯了目標。男人腦與女人腦，無時無刻都是這麼戲劇化。

接下來，我們從別的觀點接著看「空間」這個關鍵字。

男人看女人，也是從空間出發。男人會覺得一個女人很美，是看到女人在她的存在空間中展現的姿態很美。

而平面化視覺的女性腦，就算看著眼前的人類，也像在看一張照片。眼睛大不大、鼻子高不高、皮膚或髮質好不好，化妝技術是否高超等等，女人透過「部分」的觀察來認識一個人。相對的，她對整體平衡感的感受較弱，就算是對姿態美的判斷，在女人眼中也是平面的。對女人來說，照片中看起來美麗的人，就是美女。

另一方面，男人不擅長看平面的東西。因為他的大腦傾向以點觀測物體，在腦中構成空間。譬如，對於亮眼髮色、豐厚嘴唇，走路姿勢等的三點觀測，幾乎就足夠讓他判斷這個人是不是美女。

日前，一本以年輕女性為讀者的雜誌刊載了一篇〈男人眼中「想要疼愛的女人」之條件〉，調查結果中，視覺上最重要的條件是「姿態良好」。該文章的作者對此表示驚訝，沒想到這件事會壓下眼睛或鼻子的長相，而實際上，這對於男人腦的運作是理所當然的結果。

若女性在意男人的視線，重點不在於精緻的眼妝或配戴的飾品，而是確認自己在當下的空間中，整體姿態是否平衡，妝容、服裝、站姿等都在其中。

高開衩裙子搭配網襪，在晚上的聚會或許會受到男性歡迎，但在白天會議中作此打扮，卻容易引起男人的反感。白天在戶外的約會，男人會希望女人步伐自在奔放，反之，在飯店的酒吧中，他們可能就期待女人動作不要過於粗魯。

聊天也是如此。男人對於話說個不停、占據對話空間的女人容易不耐，也不喜歡在公事中夾帶私人話題。相對的，在放鬆的時間被問到公事也會不愉快。工作焦頭爛額的時候，看到老婆或女友的來電，有時還會不禁發出嘖的一聲。

總之，男人希望對方不要破壞自己的空間美學。

對男人而言，和諧地與空間達到平衡、姿態優美、話不要太多，這就是美女的條件。眼睛或鼻子好不好看都是其次，眼睛或鼻子長得好看的女人只是一般美女。這對於直到今日還相當注意自己眼線細節的女人，或許很難想像。

成熟女性若是想和這樣的男人進行一場優雅約會，我會推薦雙方先在有質感的飯店大廳會合，然後直接去飯店餐廳用餐，或是到酒吧喝酒。

有質感的飯店，燈光低調柔美，可以創造出有內涵的空間感。柔美的光線與高明度的直接照明不同，強調的不是表面質感，而是進行存在感的演出。

所以，就算皮膚狀態差一點、頭髮乾燥了些，這樣的空間也非常適合姿態優美的女神。

男性腦感應的是空間，比起女人的妝容或指甲，更容易被她在空間中的身影迷倒。善用智慧，女人的保鮮期意外地會相當持久。年輕時候的想法，建議妳先拋棄它。

當個愛情大贏家！掌握戀愛腦，就能操控對方的心

- 女人，將所有需要思考的項目放在同一個平台。她可以同時想到過去和未來、戀人與丈夫，還有小孩。對於重要的人或事物，女人全放在心中。
- 男人的大腦，像是一間複合型的電影院存在複數的思考空間，思緒會在所有的空間中來回。身在屬於老婆的空間時，她的重要性便是100％。
- 對男人而言，和諧地與空間達到平衡、姿態優美、話不要太多，這就是美女的條件。眼睛或鼻子好不好看都是其次。

會議停擺中

男女各半的企劃會議，
為什麼總像走入迷霧，
討論不見重點？

戀愛腦指南

男女兩方都是誠心誠意付出，
卻同樣覺得對方態度不認真而感到不耐。
說穿了，這兩種邏輯絕對不可能相容。

「沙也加為什麼討厭步美啊？」

在我家客廳，兒子的同班同學一邊組玩具模型，一邊問了這個問題。

「我有問過沙也加，她說她討厭步美每次做錯什麼，就一直說『對不起、對不起』的樣子。」兒子回答。

「為什麼？有道歉不是很好嗎？」

在場的小男生一一附和。

當然討厭啊！我非常同情沙也加。眼睛大又圓的步美經常傾著頭吸鼻子，同時用甜美的聲音說「對不起」，她說對不起時不像道歉，比較像是撒嬌，而沙也加是個直來直往的小女孩。二人的個性當然不合。

男孩子，對於對錯，只會用問話來確認。因為她是壞人，或是因為她太軟弱，所以不被當成同伴？若無法貼上以上任何一種標籤，為什麼對方都道歉了，妳還不接受？對於男性腦來說，想不出當中有任何其它理由。

女孩子，好惡會決定她們的行動。因為對方煩人，所以我冷淡。男孩子對於這樣的行為雖然不認同，也只會在背後議論，因為女生全體一致的撻伐更讓人恐懼。

在小學生的班會上，男生和女生已經開始話不投機。

再來看看，會議中的男女大腦關係如何。

某某市有一公園建設計畫被提出，企畫提議將車站前的主要市民公園建造成市容門面，提供市民休閒場所，也期望能帶動市民不同的生活型態。為追隨「男女共同參與」政策，相關單位以男女各半的比例組成專案小組。

團體中一個女士向我提出諮詢。一開始，聽到這個計畫是男女「各半」，我便有不祥的預感。故事發展果然如我所料，聽說每次的會議都像走入迷霧，討論不見重點。

哈哈，是不是像……這樣呢？我將腦海中浮現的會議場景向她確認。

男士們主張，應該從空間設計著手。他們表現出的熱情像是在討論鐵路模型，提出了男性大腦中共同的公園形象：噴水池在這裡，路在那裡，廣場則是設在……因為是一出車站就會見到的景象，必須要有代表城市的紀念雕像，再搭配在地文化或是口號。既然廣場大小是祭典也會使用的規模，必須注意廁所的數量。其它還包括與周遭街道的配合，以及預算問題等等。

對於男性腦來說，初期須討論的課題大概是這些，他們急著將項目列表，一切文書化處理。而女性腦的檢討，則是這樣開始……

「噴水池的話，我建議採用現在流行的無邊界式設計。這樣到了夏天傍晚，小孩子也可以踩著拖鞋在裡面玩水。」

「我想到了，福岡的〇〇城就是類似的設計！」

「對啊對啊，很時尚耶。不同的噴水設計在一個空間演出，遠處還有可以觀賞噴水表演的咖啡館。啊，這樣說來，還需要設置長椅，方便老人家休息。」

「英式莊園風如何？」

「修繕太麻煩了。」

在場男士們，聽到女士們漫無邊際的閒聊，有種談正事被打擾的感覺。但是對於女士來說，不討論公園與自己切身生活的關聯，她其實無法判斷自己是否真的需要公園。提出生活中的各色場景、四季更替、早中晚會發生的事情，然後互相討論，類似的樂趣女人可以永遠持續下去。

男人將工程控制在預算內，只討論當下的階段。女人則在會議中思緒跳躍，彷彿可以任意操弄時光機，評價公園可能發生的各種生活場景。對於這樣的會議，男人們不知道何去何從，也感到茫然與失望，於是吐出一句：「所以女人不適合談生意。」

另一方面，女人對於男人輕視實際運作層面的思維也覺得不智。這些討論與公園的機能設計密切相關，其它問題相較之下都是枝微末節。男性腦的空間邏輯，遇上女性腦的時間邏輯，讓這個商業討論出現了巨大鴻溝。

「是這樣嗎？」

來諮詢的女士聽到我彷彿人在現場的預測，驚訝地說不出話來。

這個問題，在我看來和前面提到「冰箱裡的奶油」例子是同樣道理。男女兩方都是誠心誠意付出，卻同樣覺得對方態度不認真而感到不耐。男女共同參與的會議，其實也勾勒出男女各自的章法。

說穿了，這兩種邏輯絕對不可能相容。男女人數各半的混亂討論不會有結果，但是對於已經度過高速成長期的國家來說，這兩種邏輯又是缺一不可。沒有功能的東西賣不出去，在這樣的時代，女性討論出來的「這個商品（服務）會為我的生活帶來什麼快樂」將會成為日後的行銷重點。

關於商品這類的企劃會議討論，我不建議將男女完全分開。純男性的會議，會變成純粹談論功能與效率，商品功能相關的「故事創作」將被禁止，因為男人根本不會讓這樣的話題延伸。

相反的，女性腦型的會議，會自動聊出許多故事。高興的事、快樂的事，喜歡的事物等等，應有盡有。男性若參與其中，對於這些說不完的故事，要靠忍耐才能不出聲制止。男人受的社會訓練是追求效率，每天工作像是在苦行。而女性的說故事能力，正是今後日本企業提升企劃力的關鍵。

不是問對不對，而是問：「做什麼會比較開心？」這對於從小就不擅長說出喜好的男性來說真是困難的題目。

實際上，在日本勞動人口中，男性約占七成，女性不到三成，男女人數各半的會議還是少數。面對這樣懸殊的比例，我們要注意讓會議中的女性不用去迎合男性的發言，其它的只要抱持自然心即可。男性主導的友善會議中，能納入女性奔放的意見，為企劃增添色彩，正是理想的會議方式。

其中，關於服裝，男性社會有一些約定成俗的觀念，或許女性沒有注意到。

男人上班穿襯衫、打領帶，再加一件外套的「制服」，並不是為了看起來好看，而是這樣的打扮是「我遵守商業規則，懂得商業語言」的一種證明。

主管等級的商務人士，穿著深色質感西裝搭配白色襯衫是基本禮貌，他們不會穿上沒有燙過的襯衫，顏色鮮豔的襯衫也是大忌。白色或是有印花的襪子，在他們看來，都會阻擾溝通。

創意領域工作者，雖然也有人穿顏色鮮明的襯衫，但通常會搭配立領西裝，而非西裝領的款式，材質甚至可能是皮質，屬於帶點玩心的打扮。

如果是工程師或是業務，襯衫沒燙也可以原諒。鈕扣領的襯衫搭配夾克，是身體需要伸展或活動量大的人適合的裝扮，可以藉此展現敏捷的機動性。

視覺上，男性會考慮到即使是初次見面的人，對方看到這身裝扮也不會覺得受到威脅，或是避免傳遞多餘訊息的服飾。這是一種在交換名片之前，不需要言語的情報交換。

在男人眼中，商場如戰場，女人的穿著會不會太沒有自覺了？主管級的女性穿著毛衣、長裙，搭配靴子，隔壁一個女生穿的是名牌西裝，再隔壁一個女生，身上是一件花花袖的洋裝，這樣「多元」的女性團隊組成令人眼花撩亂，到底該以何種態度來溝通也讓人困擾。在男性腦的空間美學中，眼前的風景實在煎熬。

主管級女性，基本的穿著打扮是即膝裙子與西裝外套。男性是深色打扮，女性則是淡色系服飾的好感度較高。想要展現一點女人味的時候，兩件式套裝的效果很好。重要的會議建議避免褲裝。除非一整天都待在公司不會外出，否則不要考慮厚重的毛衣。

創意工作者或技術人員、業務，如果是外勤，褲裝能給人帥氣的印象，好感度也高。若是這些相關領域的職業，毛衣比較容易被接受。

再者，無論是任何領域，長到足裸的長裙或是迷你裙都不適合職場穿著。女性應該克制在職場上展現風情，因為妳可能因此得到男人的青睞，卻不會得到重視。

女人，在職場上應該有所覺悟，要在男人眼中演得風情萬種，還是展現工作專業。在日本幾乎有八成的女性無法區分二者，兩種形象都想要，但在男人眼中，這是兩個絕對不同的概念。令人容易動心的女性，工作上可信賴的女性，不可混為一談。

若妳決心投入職場，從今天起，無論是服裝或談吐，請一心從工作的角度思考吧。穿著，不是為了提升時尚感或女人味，而是一種能夠清楚展現個人定位的商業語言。服裝的語言，不在自我表現，而是體現工作能力的語言。不要自己做出柔弱無力或感傷的發言。

其實，這件事若做得徹底，反而會提升女人味。有品味的男人，通常會為自我定位清楚的女人著迷。這樣的女人，在職場上是可信賴的對象，在私生活中是可以分享熱情的戀人。除了精神上極度契合，這樣的女人在男人眼中也充滿成熟的性感。

不過，職場生活和性生活一樣，都不是一輩子的事，有效期限也沒有夫妻關係長久。如果妳享受與他的性，在職場上就保持距離吧！一個性靈契合的男人比一份好工作更來得稀有。咦，還是相反？只能說，人各有志吧。

當個愛情大贏家！掌握戀愛腦，就能操控對方的心

- 男性腦會議，會變成純粹談論工作功能與效率。商品功能相關「故事創作」將被禁止，因為男人根本不會讓話題延伸。
- 女性腦的會議，會自動聊出許多故事。喜歡的事物應有盡有。對於這些說不完的故事，男性要靠忍耐才能不出聲制止。
- 男性腦的空間邏輯，遇上女性腦的時間邏輯，常讓工作討論出現巨大鴻溝。
- 有品味的男人，會為自我定位清楚的女人著迷。這樣的女人，在職場上是可信賴的對象，生活中是可以分享熱情的戀人。

成為主角

如果我是一種食物，
你覺得像什麼？

戀愛腦指南

我們要當主角，但不要憧憬一個人人都羨慕的主角，

這會不會就是幸福人生的訣竅呢？

「如果我是一種食物，你覺得像什麼？」

問了另一半這個問題，他一副沒想過這個問題的臉，也無法馬上回答。聽到我說「煮物或烤物都行」他笑了笑。

「難道是很難吃的食物？」

「很美味。」

在我發動攻勢下，總算得到答案。

前幾天，在地鐵中，前面坐著一個小姐讓我聯想到油豆腐。我看著她，無法將視線移開。

那位女士年約二十七、八歲，外表幹練，看上去頗有氣質。有氣質的女生，通常應該聯想到豆腐才對，但她洞察一切講求精確的感覺又顛覆了豆腐的形象，讓人覺得以食物來比喻她的話，比較像油豆腐。居然是油豆腐。

樸素的毛衣，俐落的臉部線條，骨架稍微有點大，體格健康。這種看上去稍微有點分量的女子，其實比女人想像的（也比她自己想像的）要更受男人的青睞。

不過，一個女性在他人眼中會這樣強烈喚起某食物的印象，這又是怎麼回事呢？而且，居然是油豆腐。

說到油豆腐，不會讓人聯想到晚餐主食的食材。「今天想吃什麼？」「油豆腐！」這樣的對話大概不會出現。它不是會讓人經常想到的食材。然而，不論是放在關東煮裡煮湯或拿來拌炒，或是煎一下然後蘸醬油，端上餐桌都是讓人大快朵頤的人氣料理。

我不禁想到，自己以前有這樣留意油豆腐嗎？油豆腐，是媽媽或婆婆會端出的料理，每次端上桌大家都吃得很開心，但是它卻不是會讓人刻意到豆腐店指定購買的食材。

晚餐如果由我來煮，大概就是咖哩配沙拉，若是由婆婆來料理，就會出現油豆腐煮斑豆。這是一道外表看似沒什麼滋味，卻足以顯現城市飲食文化底蘊的料理，而油豆腐是其中的大功臣。

女人又何嘗不是同樣的道理。像蛋糕一樣漂亮又甜美的女孩，適合出現在雜誌或電視中。真實生活中，像醬油炒油豆腐般的女孩通常更有人氣。特別是通勤路上看到油豆腐女孩，她的魅力甚至讓人想跟她搭訕。你會想聽聽她對於最近發生的新聞事件的意見，聽她條理分明的慷慨陳詞。油豆腐般的女孩，會給人這樣的信賴感。

再加上，骨架大皮膚好的女性就算過了三十五歲，肌膚還是吹彈可破。生兒育女讓她更加明艷動人，無論身處何種產業，她都是意志頑強的專業人士。人生中燦爛的日子或許來得較晚，卻屬於越活越動人的類型。

正因為油豆腐給我這樣的感受，我希望我最愛的另一半若要將我比喻為食物，也會說出油豆腐這個答案。就像我對地鐵中那名女子的仰慕，我希望作為一個有底蘊的食材，在餐桌上受到長久的喜愛。

話雖如此，地鐵中的油豆腐女子，似乎沒有意識到自己的魅力。她對服裝沒有興趣，從頭髮與指甲也看得出來長期缺乏照料。她似乎不是很愛自己。她和身旁的同事討論工作的聲音，有一種欲求不滿的人特有的抑揚頓挫。

明明人生的春天才要開始，她卻像是放棄了自己。這類的女生，在成長過程中，面對嬌小貴氣型的女生，常常感覺到自己身處劣勢，成年後在職場上也無法成為主角。

曾幾何時，年輕女生開始減肥，大家畫上同樣的妝容，失去了個人特色。連女性崇拜的職場女性形象也如出一轍——活躍於行銷或廣告等華麗職場的帥氣女性。而且還帶點可愛感？什麼嘛！那種一個模子刻出來的甜美女孩，可不是在路上我會想攀談的類型。

從某些地方看得出來大概快三十歲，身材也不算太高大，這類女性在二十幾歲的時候，許多人會因為「感覺自己的骨架大」而感到挫折。其實，若目標是主管職位，終點會落在五十歲。為什麼要為了將邁入三十歲而緊張呢？那不過是一個中間地點，根本不用在意。

如果想成為自己人生中的主角，人生的目標就不能設定為「大家看了都會羨慕」的固定形象。

當你把自己套入固定的形象，人生，就只能活成減法了。特別是在這個崇尚女性嬌小體型的時代，春天來得較晚的油豆腐明明是美好的食材，卻受到輕蔑被冷淡對待。

當一個專業人士吧，擁有自己的興趣，不論那是什麼都好。「我只是處理雜事的總務，沒有任何特殊才能。」有些人會這樣妄自菲薄。其實，就算是一般行政事務，若是一個人能有通盤的了解，也完全稱得上專家了。舉例來說，投顧公司的社長通常是技術職或業務出身，對於行政事務工作反而陌生。要全盤掌握事務工作，對他們來說其實更困難。在那樣的公司中，一個以「可以搞定一切事務工作」為賣點的人才，彌足珍貴。那樣的中小型企業將來若發展成大企業，在創業初期加入的總務人員，將來也可能成為人資主管。

我個人呢，因為個性低調，比較適合當幕後工作的工程師，或是自己開發分析程式的語言分析人員。之所以會想要發明新的分析方法，只是因為前人的偉大理論不適合自己，乾脆自己開發比較快。而成為一個分析人員，也是因為個性上喜歡窩在房間一角。說穿了，就是胸無大志。

不過，因為沒有什麼人在分析男女大腦的語感，這個研究顯得格外珍貴，如今在電視或雜誌上的曝光機會大增。過了四十歲的我，早已拋開羞恥心，很享受生活中偶爾上妝、成為鎂光燈焦點的感覺。

要成為一個專家，有各種超乎想像的選擇。這個世界需要各種角色，越稀有的越是珍貴，辛勤栽種的果實有一天一定會換成金子。人生的春天，其實很長。

當人人欽羨的三十歲幹練女性，不過是選擇之一。為此所困，混淆了自己要走的路而遲遲無法前進，是不是不智之舉呢？

所以，我們要當主角，但不要去憧憬一個人人都羨慕的主角，這會不會就是幸福人生的訣竅呢？完全掌握自身的資質，創造出不是讓大眾羨慕、而是屬於自己的主角模式。主角模式的最高點，通常都是自己成就的。

男性也是如此。如今國家極度缺乏參謀型人才。這類將光芒讓給主角、在陰暗處出謀劃策的動腦派，在民主主義的世界中已逐漸消失。如果是這個方向，我相信無論往哪種領域發展，都會開創出新型態的主角模式。

說到底，對於成為主角沒有興趣的我，本世紀的目標就只是成為另一半心中的油豆腐。

繼續開頭的問題。「那你喜歡油豆腐嗎？」答案似乎是非常喜歡。雖然油豆腐不是那種烤肉必備的主要食材，他也不是以那種「晚餐就是要吃油豆腐！」的興奮口氣回答。

但當我說「反正油豆腐就是餐桌上的配角」時，他卻如此回答：

「不要小看油豆腐！」

慘了，這是什麼超展開。不想當主角所以選了油豆腐這個角色，如今他卻認為油豆腐才是主角。我的腦袋混亂了起來。

「蘋果吧。」

如果以食物來比喻，他說我像蘋果。

「可以當甜點也可以入料理，熟成後還能釀酒。」

這是什麼模範答案！我聽到入神。一旁聽到這個食物對話的兒子，吐出了一句話把我一掌打醒。

「蘋果，因為什麼時候都能吃到，最後也會被放到爛掉。」

喂喂老兄！不要讓我放到爛掉！

當個愛情大贏家！掌握戀愛腦，就能操控對方的心

- 像蛋糕一樣漂亮又甜美的女孩，適合出現在雜誌或電視中。真實生活中，像醬油炒油豆腐般的女孩通常更有人氣。
- 這個世界需要各種角色，越稀有的越是珍貴，辛勤栽種的果實有一天一定會換成金子。人生的春天，其實很長。
- 當人人欽羨的三十歲幹練女性，不過是選擇之一。為此所困，混淆了自己要走的路而遲遲無法前進，是不是不智之舉呢？
- 主角模式的最高點，通常都是自己成就的。

成熟女人的必備品2

孩子，
光是養育他們就會為父母
帶來許多收穫。

戀愛腦指南

「真拿你沒辦法。」女人在說這句話的時候，心態一半是放棄，一半是愛意。

「媽媽，妳知道妳說過的話裡面，我最喜歡哪一句嗎？」

有一天，兒子忽然問我。

會是哪一句呢？好孩子？這種騙小孩的讚美我最近也很少說了。

「這個孩子，真是拿你沒辦法耶。」

原來答案是這一句。

「原來你喜歡這句啊！」

兒子害羞地點頭承認。

「譬如早上，我的制服沾了貓毛在玄關拿刷子刷的時候，妳會說：『這個孩子，真是拿你沒辦法。誰叫你脫下來要放在床頭。』我喜歡你說這句話的口氣。大概是因為，這句話聽起來像你接受了我的缺點，我覺得很開心。」

原來如此。男孩子，喜歡能令他們感到意外的人或事物。

面對男人在日常生活中的邋遢行徑，女人確實很常把這句掛在嘴邊：

「真拿你沒辦法。」

的確，女人在說這句話的時候，心態一半是放棄，一半是愛意。在外虛張聲勢的男人，回到家只在一個女人面前露出破綻，女人一方面會覺得厭煩，一方面又覺得這樣的他有點可愛。兒子也是一樣，壞習慣改都改不掉。雖然聽到媽媽小聲碎念，兒子仍會因為感受到媽媽的接納而感到放鬆。

有時候，他還會為了聽到這一句，故意鬧些彆扭。

「不過，聽這句話也是有點風險的。有時候妳會說『這個孩子，真是拿你沒辦法』，但有時候妳會大怒發火罵我『是笨蛋嗎！講都講不聽！』，這兩種還是大怒的次數多一點。」

喂喂，這不是該冷靜分析的問題吧！面對他的這番告白，我不知道該斥責還是大笑，只能苦笑了。

下次，我也要來試試，對另一半說這句「真拿你沒辦法」。不過認真想一想，他這個人沒有露出破綻的時候。他一個人會默默完成所有事情，無論做什麼事情，要領都比我好，也做得有始有終。可能我被說「真拿妳沒辦法」的機率還大一些。不過，難得找到一句女人味大幅提升的台詞，不用太可惜了。今年內，我一定要找個機會用上一次。

我在想，我的另一半在他十一歲的時候，是否也曾因為母親一句「真拿你沒辦法」感到放心呢。隨著想像這個畫面，我心中也充滿愛意。這樣的愛充沛到好像不只是心愛的人，連街上的大叔、難搞的客戶主管，甚至是這個世界上的男人，我都可以真心付出了。

養兒育女，其實是一種很有趣的關係經營。

其中，男孩子比一般女性想像得更來的細膩、也更勇敢。而這些都是因為，他擁有這個世界上最拼命的愛，有一個無條件愛他的母親。今時今日，聽到我嘆一口氣，我的兒子就會馬上真心道歉說：「媽媽對不起。」然後試圖靠近我，即使這是一聲跟他的言行毫不相關的嘆息。（例如今天吃火鍋，卻不小心準備了冬粉。）當我問他：「為什麼道歉呢？」他的回答是：「沒有啊，我只是想到妳對我是不是有什麼不滿，所以先道歉再說。」

被小男孩的愛溫暖，接觸小男孩的純真，對於女人來說這些都是非常寶貴的經驗。兒子，完全可以列為成熟女人的必備品之一。養育男孩、與他共同成長的日子，都是走在理解世界上其他男性的道路上。在養育男孩前，我們無法想像在那些充滿競爭意識、每天散發不耐情緒的男人的內心裡，也存在如此的純真。

就算是狗，牠也不會主動去吠喜歡狗的人。所以，對於總是擺出冷漠表情的大叔，妳也可以用行動告訴他：「我懂你，你的內心也是個孩子。」或許就能融化冰山，讓他變得溫柔。這個世界就是這麼不可思議。

不過，男性對於母愛氾濫的類型還是排斥的，畢竟，男人與女人就是因為無法理解彼此，才愛得瘋狂。最近，單純仰慕我的男性，好像比喜歡我的男性更多了，這件事不留意不行。

接下來，我將面對兒子的青春期，他會不會遇到一見傾心的純真女孩呢？媽媽對此感到動搖。

我自己只有生兒子，如果生女兒的話，或許可以因為她再體驗一次青春。隨著女兒的成長，解放自己心中那個在少女時代後就漸漸萎縮的

「少女」，效果不知道如何？或許那才是真正的，成熟女人的必備品。孩子，由母親歷經苦痛使其誕生於世，光是養育他們就會為父母帶來許多收穫。

再說一件事，我的另一半曾經說，他不懂男人特別喜歡女兒的心態。特別優秀的男性腦，基本上不太擅長面對女性的自我意識。或許這也是我們沒有生女兒的原因吧。

有一陣子，他的口頭禪是：「女生都有公主病，每一個都一樣。」

啊，幹嘛揶揄我？

「是妳比較常嘲笑我吧？」他說。然後又補上一句，

「妳不是公主，是女王。妳有成熟女人的自覺，可以原諒。」

那你倒是說說，不能原諒的，又是哪裡的哪一位「公主」啊？

接下來，我的兒子也發表了意見。

他生氣指著電視上露出長腿、胸部及笑容，像個裝飾品的女生，問說：「為什麼世界上大家都喜歡這樣的女孩？這有什麼好喜歡的？」身為母親的我，竟沒有答案。不過，這樣的不滿還會持續幾年呢？當青春期的魔法降臨，男孩會不會像喜愛燒肉那樣也喜歡這樣的女生？

家裡偶爾有小女生來玩，對於她們可愛的任性，兒子似乎也無法接受。「女生喔……」他這樣起頭。「玩完大富翁都不收，自己贏了就吵鬧，輸了就不知道跑去哪躲起來，不管怎麼樣都不知道要收拾，真是糟糕。」話雖如此，在場還是會有其他樂得幫她們收拾的小男生。向來內向的兒子，也因為流露真實情感，引起了小女生的關注與欣賞。這個世界的運轉一切如常。

「媽媽妳呢？身邊有那種任性又討厭的人嗎？」

對於兒子的問題，我認真思考許久，因為在我的周圍並沒有這樣的人。這樣告訴兒子後，得到的是這樣尖銳的指教：「啊，因為在媽媽的朋友當中，媽媽就是那個最任性的人。」這件事要是說給另一半聽，他一定聽得很樂吧。

接下來，換我反問兒子喜歡什麼樣子的女孩。

「不強勢的成熟女生。不會太尖銳，有點溫暖，平常不太出門，卻什麼事情都懂。不以自己為中心，會以身邊的人為重的人。」

原本我並不期待一個十一歲的男孩會說出什麼，沒想到能從他口中聽到如此美麗的答案。不，或許因為十一歲才能如此，正是在被賀爾蒙攪亂人生之前，擁有透明靈魂的年紀。

我追問：「班上有這樣的女生嗎？」「怎麼可能！都是一些用自己的名字稱呼自己的人，無聊。」也只能如此吧，就算不是十一歲，情況到了二十一歲，我想都不會有所改變，不，或許三十一歲也還是無解。兒子的兩性教育看來滿成功的，但是我不禁擔心起兒子未來的女人緣會是如何。

「太不公平了，五月五日是兒童節[1]這件事太不公平了！」兒子繼續補充說，「這樣女生就可以把三月三日和五月五日，都當成她們的節日！」

「有什麼關係，不過是多了一天的節日。」

「有關係！」兒子張大了嘴說道。「稍微讓一下，女生就會無止盡的越界。」這句話，怎麼好像有點耳熟……

「那媽媽呢？媽媽也有三月三日和母親節兩個節日耶！」

1 在日本，男兒節與兒童節同為五月五日，女兒節則是三月三日。

「媽媽沒關係，媽媽是特別的，可以例外。」

哈，果然是媽媽的好兒子。

當個愛情大贏家！掌握戀愛腦，就能操控對方的心

- 養兒育女，其實是一種很有趣的關係經營。
- 被小男孩的愛溫暖，接觸小男孩的純真，對於女人來說這些都是非常寶貴的經驗。兒子，完全可以列為成熟女人的必備品之一。
- 隨著女兒的成長，解放自己心中那個在少女時代後就漸漸萎縮的「少女」，效果不知道如何？或許那才是真正的，成熟女人的必備品。
- 對於總是擺出冷漠表情的大叔，妳也可以用行動告訴他：「我懂你，你的內心也是個孩子。」或許能讓他變得溫柔。

甜蜜的生活

「掉了東西嗎？」

「是……掉了妳的心嗎？」

戀愛腦指南

若凡事都追求意義，
就會找不到與另一半繼續在一起的理由。

我的另一半因為得了流感現在躺在床上。平日得理不饒人的人，如今完全沒有力氣回嘴，幫他揉揉腳，他會感動地說：「好舒服」，睡覺也會握著我的手。生病，有時也挺好的。

另一半脆弱的一面，對我們女性腦來說，是多麼的可愛。我認為，男性不妨更常在生活中技巧性地露出脆弱的樣貌。

我的另一半就非常不擅長撒嬌。如果不是因為重感冒，他完全不會麻煩我做任何事情。從他的口中，不會說出「很痛、很寂寞、很難受、很害怕、討厭」等字眼，也不會輕易說出「想吃什麼、想要什麼、想見面」這樣的話。

日復一日，不用多說什麼，生活照常運轉。一日三餐，進食像是為了營養補給，對於吃什麼、在哪兒吃都反應冷淡。只有對酒特別執著，但又不是因為喜歡喝而喝。他喜歡聽古典樂和讀哲學類書籍，偶爾會搭配美食進行人類觀察。他重視工作夥伴，但是關於私生活從來不會透露太多。這是個極度追求邏輯，生活自律的人。

其實，對於他為何選擇我當生活伴侶，我至今不是很理解。就算沒有我，他的生活也不會有任何不便。兩個人相處時，如果我不特別出聲，他總是可以淡然地度過自己的時間。他不會有什麼情緒，愛不愛？喜不喜歡？漂亮嗎？這些話都只有在被問到的時候，才會不情願地回答。他想聊天的時候，只會用逗弄、促狹的方式，最後再稍微惹人發怒。

一開始，我真的會生氣，但是多年的經驗終於讓我明白，那是他「想撒嬌」的一種暗示。拿他沒轍，我只好也假裝生氣跟他鬥嘴，但是不會說難聽的話，最後再撒嬌和好。呼，怎麼會有這種好女人！

我最近在想，男人若沒有一個固定見面的女人，是否會覺得自己像一束無根的浮萍，人生沒有依靠呢？所以，就算不是熱烈的愛情也好，男人需要一個會固定見面的對象。

而女人，如果不是自己喜歡的人，根本不想經常見到他的臉。再怎麼傳統的妻子，還是會經常思索丈夫的存在意義，和這個人、在下半輩子，要怎麼看著他的臉過下去，我的人生才有意義？

通常，由妻子提出的離婚，過程中一定會出現這句台詞：「我看不到和你這樣繼續下去有什麼意義。」女人對於這句台詞通常很有感，男人聽到卻是大吃一驚。男人，或許會想像和這個女人「在一起之後」的生活，卻不會去思考和這個女人「現在一起共度」的生活與意義。都已經在一起了，在一起的生活也是理所當然。所以，男人對於「因為有其他喜歡的人了」這樣的理由或許可以理解，對於「找不到在一起的理由」卻無法接受。

即使如此，我的男人還是選擇獨善其身，也不懂撒嬌。優秀的男性腦，在這方面其實很不中用，他們不僅追不到年輕女生，就算吸引到異性，在發生關係後也不會有後續發展。

不過我倒是因此感覺安心。像他這樣不會說話又我行我素的男人，一般的女人不會靠近。選男人和選工作是一樣的，誰都希望能夠開心上班，而越華麗的工作舞台越多競爭對手。我的工作場所，沒有競爭者。

工作上若遇到困難，可以把危機想成轉機。為了勝任一份工作，我們必須擁有不輸他人的才能。「不輸他人的才能」當中，自然包含了面對困難能保持良好心情完成任務的能力。面對陰晴不定的客戶也能冷靜應對，並且在事後能完全釋放壓力。不過，這並不包括忍耐那些傷及尊嚴的事情。暴力傾向的男人、有財務問題的男人，或是女性關係複雜的男人，若是言行沒品、言語揶揄的職場，我們就應該乾脆捨棄。

我的兒子，特別擅長撒嬌。

要叫我幫他盛飯的時候，他會說：「媽媽盛的飯，味道就是比較香。」再送上一個靦腆笑容，這句話總是能讓我打破「盛飯要自己來」的規定，屢屢起身。

有時候工作太忙，我的情緒會比較焦躁，一個母子吵架的夜晚，我到了最後情緒爆發，他卻是一臉悲傷，告訴我：「我只是希望妳抱一抱我，妳為什麼不懂？」

有時候，在什麼事都沒發生的日子，他會說：「媽媽妳過來，坐在我旁邊，陪我一起坐著。」問他為什麼，他說：「就是會有想跟自己喜歡的人，什麼事都不做，只是在一起的時候啊。」

我還想到，年初時我曾被兒子訓斥：「今年開始，要更重視節日。」他說像七夕、聖誕節等等，就算覺得準備工作麻煩，對於家人來說，一起度過的節日都是重要的。

我家位於東京淺草隔壁的藏前區，住家周圍住了許多製造皮包、鞋子、帽子、傘等高級製品的職人，手作行家工坊林立。自古以來，這裡便是皇室御用日用品的供應地區，屬於家庭手工業的區域。因此，有許多居民的家庭和職場都在同一空間，兒子的朋友便是如此，每天早晚，全家會圍著餐桌吃飯。他們大多數與祖父母同住，對於節慶祭典相當重視。兒子所見到的家庭風景，充滿了古樸東京的美好。

有一天兒子去同學家玩，我跟他說：「今天要灑豆子[1]，早點回家。」結果兒子回到家卻發現媽媽不在，而且買回來的都是現成的零食，沒有豆子。我根本忘了撒豆這件事。兒子說這樣就不是「家人」的感覺。一定要記得，到了五月端午別再忘記為他擺出頭盔擺飾[2]！

那個頭盔是我父母送給長孫的，當初買了一件氣宇軒昂的夢幻逸品，但因為難組裝又占空間，數年來被我束之高閣。去年端午，來家裡找兒子玩的朋友便問他：「你家都沒有擺頭盔嗎？」兒子回他：「當然有啊！而且還是很厲害的，我在家裡可重要了！」

當時我因為晚歸沒有擺頭盔，感到相當愧疚，於是問兒子：「要不要媽媽現在拿出來擺？」結果被他斷然拒絕。他說：「不用了，現在才急忙拿出來，真難看。」

並不是住在一起的人就能稱為家人，這是兒子教會我的事。回想起來，我的母親給了我們一個安全溫暖的家，重要節日她從來不會忘記，

1 在日本，節分是指立春、立夏、立秋、立冬的前一天。節分的傳統活動之一是撒豆，象徵驅除病魔惡鬼。

2 源自日本自鎌倉時代以來的尚武傳統，在端午節擺出武士的頭部盔甲，有消災解厄，祈禱家中男孩平安長大之意。

就這麼守護我們長大。一切太過理所當然，自然到讓我以為只要家人在一起，就能成為這樣的家庭。

不互相干涉的，就不叫做家人。不管誰年紀較小、誰沒有權力，或是誰更忙碌，大家互相配合一起過節，一起度過每一天的才是家人。在時髦的都會生活中，健全的大人經營著合理的生活，日子雖然過得風平浪靜，卻少了家庭的味道。

在繁瑣的日常中，互相依賴，偶爾撒嬌，不以愛情的名義強加自己的觀念在對方身上，這些都是男性腦以及在男性社會中工作的女性腦並不擅長應付的世界。男性腦的主要功能，就是將一切能在競爭中勝出的行為合理化。然而，如果一切都要講求合理化，那小孩與老人都會被排除在這個標準之外。家庭，也必然成為與競爭分立兩極之物。

這就是兒子說的，「有時候只是想要安靜地待在妳旁邊，因為我最喜歡媽媽。」這個勞碌命媽媽雖然覺得有時間不如拿去打掃或洗衣服，但是聽了兒子的話，打算忘記所有的計畫，和他一起深呼吸，緩緩地深呼吸。此時，凌亂的客廳也成了幸福的風景。家庭，療癒了身為家庭舵手的母親。

很會撒嬌的兒子，讓不會撒嬌的我認識了甜蜜的生活。小孩，都是彌補父母缺陷的天使。

「工作時間追求合理化，家庭時間追求非合理化。」成了我近日的生活信條。無論待在客廳或是床上，就算是能一個人解決的事情，我也會稍微偷懶一下，依賴對方。家裡有點亂也沒關係，更重視家人互相陪伴的時間。沒有實質意義的節日，也會認真度過。

這些都是小事，但若凡事都追求意義，將找不到與另一半繼續在一起的理由。在被提出「我找不到和你繼續下去的理由」之前，男人們在家庭時光中，應該讓你那顆重視效率的大腦休息一下。

話雖如此，我那優秀的另一半既是商業精英又是追求事事精準的技術人員，要讓男性腦比例占了九〇％以上的他，在私人生活不追求邏輯，這大概是難上加難。就算如此，還是要下定決心，就從今天開始！只要有一個人能抓住大方向一定沒問題，況且，偶爾也會有流感病毒來幫忙。

這樣一個不具備戀愛體質的男人，當初是怎麼和我走在一起的呢？我的思緒飄向遠方，回想起一個有點浪漫的愛情故事。

在二人第一次約會吃飯的日子，我因為工作的緊急案件匆忙離席，上了計程車後，總覺得好像有什麼重要的話沒說，而且再也沒有機會說出口。我一上車就撥電話給他，聽到他的聲音之後又不知道要說什麼。

「掉了東西嗎？」他起了頭，緩解了混亂的沉默。面對依然沉默的

我，他繼續說道，
「是……掉了妳的心嗎？」
我緊繃的心情被融化，溫暖的感覺甚至傳到了雙手。
「嗯，那在下次見面前，先幫我收著。」
「好。」
什麼嘛，這樣回想起來，這個人根本就是扮豬吃老虎的撒嬌高手？就算惹怒了別人，他也不會表現出「這是我在示好」，而是暗示「我可以讓妳跟我示好」。這麼說來，他的手段明顯高明許多。哎呀，要是意外地他其實很受年輕女生歡迎，我該如何是好！

當個愛情大贏家！掌握戀愛腦，就能操控對方的心

- 並不是住在一起的人就能稱為家人，這是兒子教會我的事。
- 在繁瑣的日常中，互相依賴，偶爾撒嬌，不以愛情的名義強加自己的觀念在對方身上。這就是兒子說的，「有時候只是想要安靜地待在妳旁邊，因為我最喜歡媽媽。」
- 另一半脆弱的一面，對女性腦來說，是多麼的可愛。男性們，不妨更常在生活中技巧性地露出脆弱的樣貌。
- 在被提出「我找不到和你繼續下去的理由」之前，男人們在家庭時光中，應該讓你那顆重視效率的大腦休息一下。

千年之戀

「一如往常」
便是男人的誠意所在。

戀愛腦指南

越使用語言辯論，
男人和女人的心就離得更遠。

江湖傳言，我的另一半好像有一個年輕的情人。

有人目睹他在街角和一個年輕女性聊天，雖然行為僅止於此，但聽說當時他的動作和神情像是充滿了愛意與喜悅，這讓我很受傷。我沒有想過這個人也有這樣的表情，只能想像對方一定是很可愛的女生。

我不知道她是誰，只是有人傳了這個八卦，醋意在我的幻想中開始蔓延。有多酸呢？大概像是不知情的情況下喝光了一杯沒加蜂蜜的檸檬汁那麼酸。

雖然，他在我面前也會出現那樣的表情。只要是男人的大腦，和年輕女生相談甚歡再幾杯美酒下肚，要離開的時候大概都會不捨吧？眼前的女性青春正盛，這樣的女生對自己露出微笑，男人自然會露出喜悅的表情。一切不過是反射動作。

女人的情況就不同了，女人只會對喜歡的對象露出這樣的表情。如果我不是那麼清楚兩性的大腦差異，看到那種對不熟的女性露出輕浮面貌的男人，我大概也會憤慨。但是我熟知腦科學，所以不在意，只不過當然還是有一點不甘心。

我猜，當她走下樓梯進了地鐵，男人的大腦大概很快就切換到深思工作上的事了。把今天沒處理完的事情完成，明天忙一個段落後，或許會想到我，只不過想念的感覺會不會強烈到打電話給我，這就不一定了。

因為經常往返我這裡，他大概沒有時間餘力經常往返其他女性的住處。只要不是「經常往返」，還不用太在意。

因為男性腦並不會刻意去比較兩個女人。當他和另一個女人在一起時，不會有我的存在；當他和我在一起時，也不會想起她。女人在偶然得到、不會重複發生的相處時間中，想要獨占男人的心思，我並不反對。因為對男性腦來說，時間與空間並不具有一貫性，這當中只是完全的虛無。

這和女性腦不同，無論工作或外遇偷吃，女性腦都不會忘了她最重要的人是誰，時間與空間觀念具有一貫性。但男性腦會遺忘。

男人在工作時不會想起老婆，和年輕女性吃飯時，老婆這種生物的距離會比昨晚電視上的女明星還遙遠。但是，當一切告一段落，其他的事物又變得遙遠，男人一如往常地踏上回家的路。

「一如往常」便是男人的誠意所在。「不管發生什麼事、不管何時，都以我為重。我才是命中注定，我是特別的。」女人所追求的這種愛情，並不存在於男性腦中。若他們的腦中真的有所謂的「特別席」，大概也是獻給母親。

無法滿足女人，原因出在男性腦中的虛無。男性腦的虛無，好發於發情期的全體男人，這是為了更有效地獲得更多釣餌、受到更多雌性動物青睞所發展出來的良性空虛，與個人人格優劣無關，也不代表他對戀人或是老婆的愛情不夠強烈。女人不用太執著於此。

事實上，六零年代的日本女性就不太在意。一般的女性因為生活太艱難，根本無暇顧及男人心情的真相如何。

現代四十歲以下的女性，媽媽通常是日本戰後第一個世代的女人。世界因為工業化，讓平民也擁有了閒暇時光，這些媽媽是擁有平民閒暇時光的最初世代。她們因為這個殘酷的「閒暇」，被迫認識了男人的虛無，卻還沒有發展出抗議的語言。

而這個時代的母親，她們的女兒會獲得和男孩平等的學習機會。有些母親能以明確的語言，向女兒訴說關於男人的種種；有些母親在婚姻生活中的種種不滿，只能在日常生活中無聲傾訴。

母親們看到女兒學歷在手、擁有工作資歷、身上穿戴名牌、外表年齡維持得比實際年齡小十歲、日常生活注重享樂、男女關係中也能讓男人臣服。女兒看起來像擁有了所有的幸福。

但，女兒們對此還是不滿足。女人受到男人吹捧，然而這些外表紳士時髦的男人還是（和父親）一樣，是虛無的男性腦。女人不滿足是很正常的。

男性腦的虛無來自腦的結構，與時代的悠閒無關。不管女人用什麼樣的邏輯語言去抗議，都無法改變。男人不像女人是用靈魂對話，關於心，部分男性知識分子會把它放在哲學或宗教上作客觀討論。

假設，有女人也去學習哲學或宗教，想要和這類男性展開心靈對話，但聽到男人們那種高度客觀的第三人稱觀點，也不可能會感到滿足。越使用語言辯論，男人和女人的心就離得更遠。

女人們常說：「啊，真希望能遇到理想的男人。」

這個男人要永遠只愛一個女人，尊重女人的自由，愛她的知性，敬愛她的母親。當女人寂寞時，像寵孩子一樣寵愛她。當女人忙碌時，像少年般在遠處仰慕她。他不會造成女人任何生活上的不便，舉止永遠優雅，性愛能力卓越。

「因為我也是這樣，要求這些很正常。」

女人們因為自己作了許多努力，有了一廂情願的想法。但是為什麼這樣的男人不會出現呢？為什麼我的先生不是這樣的男人呢？

女人只好不斷踏上尋找自我的旅程。要變得更美，工作表現要更好。她們會去追求只有自己才能完成的事情，成為和特別的男人相配的女人。

醒醒吧！這樣的男人並不存在。妳的努力，男人並看不出來差別，有時候偷偷懶，放輕鬆一點，反而可以享受有男人陪伴的溫暖日常。男性腦的女性觀念沒有比妳想的更美麗，也沒有比妳想的更醜陋，僅止於此而已。

女人要感到滿足有兩個方式。一是，找到一個能讓自己心情好的男人。牽手時心情會好，擁抱時感覺也不錯，這個男人的笑容妳會喜歡，聲音聽起來也舒服。剩下來的其他戀愛元素，其實每個男人都差不多。男人的腦，幾乎都用在能力的差別化上了。另一個方式，就像之前一再提到的，保持天真爛漫的心情過悠閒的日子。

不過，前段提到的，「這個男人永遠只愛一個女人，尊重女人的自由，愛她的知性，敬愛她的母親。當女人寂寞時，像寵孩子般寵愛她。

當女人忙碌時，像少年般在遠處仰慕她。他不會造成任何生活上的不便，永遠舉止優雅，性愛能力卓越。」

有讓你想到什麼嗎？

對，光源氏[1]。

一個由超級天才女性腦所生出的終極理想男人形象。但即使是他，依舊無法滿足他的第一夫人紫之上。光源氏，就是至高無暇又虛無的男性腦代表。

紫式部這個天才作家，把所有令女人陶醉的、終極的男人理想形象精彩描繪出來。光源氏的人生故事，就是一個標準的男性腦加上健康賀爾蒙變化後的歷程。

在他「華麗的女性閱歷」中，每一個女人都相信他反覆無常的心，而他也無法拋棄每一個女人。例如一個不解風情、容貌普通的末摘花[2]，在二人初次幽會的隔天早晨，光源氏已經感到對她毫無欲望，卻還是繼續照料她的餘生。

男人隨著當下的心情，看女人的角度都不同，光源氏看感覺發生關係，在夜幕低垂後，再回到紫之上的住處。即使如此，他在新年時，還是會顧及每個女子都能分配到椿餅、四季不忘祭典，進出宮廷也不忘工作，而且珍惜自己的妻子。（對男性腦來說）這是交錯的龐大關係，也是偉大而真實的愛。

為了維持社會地位，光源氏晚年結婚雖然宣稱：「只是形式，如今

1 光源氏，日本平安時代女文學家紫式部的著作《源氏物語》的男主角。

2 《源氏物語》中的女子多以花命名，代表大和民族獨特的風情，也比擬了女子的姿態或身世。末摘花在書中為已故常陸介親王之女，相貌不揚，因為鼻子有著明顯的紅點，被名為紅色的末摘花。

不可能再納如此年輕的女子為妻。」但又同情年情妻子的處境，新婚之夜後不忍離去，數日沒有回到正妻身邊，對此他還是堅稱：「這也是為了保身，是工作之一。」女性讀者看到這一段，恐怕只覺得難堪。

紫之上決定出家後堅持不見光源氏，看在女性讀者眼中，反應是「當然如此！」，男性讀者看了，卻覺得晴天霹靂。

光源氏其實只是一個擁有健康男性腦的男人，不是壞男人。他認真的態度，會讓人不禁愛上他。聽到紫之上選擇出家，他也感到不捨與難過。

當然，既然認識男性腦的運作，我也不會一昧地同情紫之上，不過讀到她病逝後光源氏一蹶不振的模樣，我竟不禁稱手叫好。

但多年之後，我也漸漸同情光源氏。他其實以自己的方式貫徹了真實的愛情，紫之上卻是到死都不再原諒他。

我猜想，紫之上明白這一切。她不覺得光源氏有多壞，理解男人就是如此，卻對於仍然愛對方的自己感到可恥，她想斬斷這一切造業。年屆更年期的她，實在沒有餘力去原諒。

男人可憐，女人也可憐，《源氏物語》寫出了生活本是苦痛。

這裡為了另一半的名譽，要再說一下文章開頭的緋聞事件。

原來，那個「年輕女人」就是我。這緋聞追問到後來，聽到案發時間與地點，真相令人失笑。目擊者其實沒有清楚看見對方，只是晚上、在遠方、看到背影後妄加揣測。身為四十幾歲的熟女，平日早已對「年輕」的讚美無感，但因為目擊者是女性，自然沒有比這個更好的讚美了。

與女人不同，男性腦對女性的認識非常粗糙。在冰箱裡找不到奶油的那類男人，看女人的眼光完全不比女性擅長。所以，女人根本不需要對於化妝燈下看到的皺紋或是贅肉嘆息。

我的另一半，就曾經在一個聚會將另外到場的我的背影看成一個美女。接近後看到本尊，他本人非常失望。「什麼嘛，我以為看到一個氣質清新的漂亮女孩。」他對自己的判斷力感到狐疑。他被一個頭髮挽起來、穿酒紅色緊身裙的人給騙了。但其實那晚我要迷惑的人可不是他，先生，你想太多囉！

當個愛情大贏家！掌握戀愛腦，就能操控對方的心

- 女人們常說：「啊，真希望能遇到理想的男人。」這個男人要永遠只愛一個女人，尊重女人的自由，愛她的知性。當女人寂寞時，像寵孩子一樣地寵愛她。當女人忙碌時，像少年般在遠處仰慕她。舉止永遠優雅，性愛能力卓越。醒醒吧！這樣的男人並不存在。
- 女人要感到滿足有兩個方式。一個是，找到一個能讓自己心情好的男人。另一個方式，就是保持天真爛漫的心情，過悠閒的日子。

戀愛論的真相

所謂戀愛，
其實充滿苦難。

戀愛腦指南

戀愛感不是永恆的。
能永遠持續的愛情，在世界上並不存在。

「媽媽，因為我是妳的小孩，所以妳才會喜歡我嗎？」

日落時分，我牽著兒子的手去散步。最近，都要等到天色變暗他才肯讓我牽手，就算是趁著傍晚牽手，他也會用袖子蓋住。

「那當然啊，每個媽媽都最喜歡自己的小孩啊，比什麼都喜歡，比喜歡自己還喜歡。」

對於我的回答，他繼續說道：

「但我不是因為媽媽是我媽媽，我才喜歡妳。我覺得就算妳不是我媽媽，我還是會很喜歡妳。」

對於這個話題的意外展開，我簡直喜出望外。

「你的意思是，就算不是你的家人你也會喜歡我？如果我是你的學校老師呢？」

「嗯，就算不是家人，想到重要的人我就會想到妳。」

嗯，我可以理解。但是，兒子如果不是我的兒子，對我來說還會是很重要的人嗎？這個問題我沒有想過。

「有很多人都覺得媽媽很重要喔，妳知道嗎？」

兒子小學裡的理科或社會科，課程內容包括利用網路搜尋關鍵字，上課時老師會讓小朋友搜尋課本上的地區、河川名，或是瀏覽市公所網站上的街道風景圖。另外，也會搜尋土產、地方特產或禮品等充滿地方風情的事物。原本只不過是名字的地方街道，在小孩子的心中成了真正有人在居住的土地，這讓他們非常興奮。

當我的兒子像在討論自家附近的河川那樣，熱切地跟我討論我的故鄉天龍川的網路資料時，曾經身為電腦公司草創時期工程師的我，內心莫名激動。二十多年前，電腦產業預見了資訊將連結人心，踏出了它的第一步。網路空間的資訊量急速成長，不少人對網路世界的不良發展與惡意利用提出警告，但是，網路提升了兒童的視野這是事實。今日的孩子比起三十多年前的孩子，無論是沒去過的地方或是沒見過的人，他們都可以娓娓道來。

在課堂上，有一段時間可以讓孩子們自由搜尋自己喜歡的關鍵字，這個值得紀念的第一個關鍵字，兒子選擇了我的全名。

「因為老師說，就打你們最喜歡的字吧。」

我的名字（伊保子）並不存在於人名辭典，是個少見的名字。用全名搜尋的話，出現的大概就是關於我的網頁了。

「關於媽媽的訊息有八件耶！不管點進去哪一個網頁，都是媽媽喔！我媽媽，真有名。」

說得我面紅耳赤。嗯，八個搜尋結果應該算不上是名人，但是我決定不要告訴他。

「而且，每一個網頁都把媽媽形容得很重要耶，大家都在稱讚媽媽。」

搜尋結果包含了出現我的名字的網路文章，多半是書籍或雜誌的宣傳，或是與聽演講、書籍的心得感想有關。兒子有點過譽了。

「然後我發現了。媽媽不是因為是媽媽所以重要，媽媽這個人，本來就很重要。」

在此要向那些花了時間與金錢，留下善意留言的網友說聲感謝！時隔三十五年，我當場跳躍了起來。

好了，美談，不會永遠美麗。

事情發生後過了六個月，昨天兒子似乎又再次搜尋了我的名字。這次出現了一〇七件結果。兒子感到不滿。

「媽媽，之前八筆的那時候比較驕傲。班上同學的爸爸媽媽，搜尋結果頂多是二位數，妳有一〇七件太突兀了！變成異常值了啦，我希望搜尋結果不要那麼顯眼。」

嗯，這個要求有點困難。網路搜尋結果，並不是我個人能控制的。

「還有啊，我先說喔，媽媽來學校的時候，打扮太花俏了。會被女生同學說話。」

「哪裡花俏？上次去不是穿黑毛衣加咖啡色裙子嗎？外套也是深藍色，根本就像女校制服一樣樸素啊！」

「妳不是圍了水藍色的圍巾嗎？那個不好。」

這麼嚴格，簡直像是女校在服裝檢查。

教學參觀的時候希望我盡量穿年輕一點，但前提似乎是不能太惹人側目。他不希望自己的媽媽輸其他媽媽，但又不希望聽到女生同學說「你媽媽好酷」這樣的評語。嚴禁拿最近流行的那種名牌公事包，正式套裝不行，捲髮或穿太短也禁止。（這樣列出來，才發現現在的小女生想法真是典型，不過那些也不是適合我的風格，也是因為這樣我才會答應吧。）

還有，「在學校碰到面的時候，不要跟我打招呼。我會用在家更乖來報答。」兒子居然這樣說。

對於生過小孩的女人來說，少年純真的羞恥心有點難理解。要帶小孩的職業婦女，根本沒有空暇顧及什麼羞恥心。我可是在搭銀座線地鐵時，會堂堂正正露奶哺乳的強者（常搭銀座線的人聽到這個故事都會大吃一驚）。當時，我是泡沫經濟時代的系統工程師，每天實在忙不過來，工作要完成，兒子的肚子要餵飽，羞恥心排在後面。

最近兒子的這些要求，讓我重溫了羞恥心。兒子的羞恥心，這半年來似乎有巨大的提升，之前網路學習日裡我們的那種蜜月關係已經不在，現在不管我做什麼，他都會皺眉。

但是，人類為什麼要有羞恥心呢？羞恥感似乎與為了維持生存的大腦運作沒有直接關係，但是一到了青春期，人類比誰都在意它。或許可以推測，它與發情這件事有密切的關係。我在自己的演講場合，絕對禁止我的另一半列席，而他也是如此拒絕我。因為，這樣有點羞恥。還有，亞當和夏娃在偷嘗禁果後，也會感到羞恥。

但，以我的另一半那種冷淡個性，應該不是羞恥心，而是缺乏愛情？他這個人基本上就是表達能力不足，對話常讓人接不下去。例如，今日早晨我們在看電視，便出現了這樣的對話：

「這個女演員好可愛。」

「這個人個性很差吧。」

「為什麼？」

「我不知道她為什麼會變成這種個性。」

「我不是問那個……我是說，你是從什麼地方判斷的？」

「見微知著。這個道理宮本武藏說過。」

「蛤，那你有什麼細微的觀察？」

「就是一些細微的觀察。」

我原本想問他，如果我去燙那個女星的髮型適不適合，卻得到這種不知道是玩笑還是不耐的回應。而且，他話總是說一半。氣氛總是像我的問題觸碰到他很內心的那種私密心思，所以被拒絕，也像是我讓他選擇放棄。

前幾天，我的隨筆文章受到好評，他聽到後這麼說：

「我就說吧！妳適合寫一般的文章，不要再寫那些標新立異的技術性文章了，往文壇貢獻吧。」

的確，牽涉到特殊技術的文章，強求冷靜邏輯，本該極力排除詞句上的推敲。情情緒豐沛的我，也許並不適合這個領域的文章。不過，我是技術型顧問，撰寫技術內容的文章是職業所需，他也是工程師，自然看得懂我寫的內容。這樣的感想，怎麼想都不是什麼讚美。

我怒火中燒下提出抗議，對方卻露出黯然的神情說：「這是讚美耶，妳為什麼不懂呢……」我著實不懂他困惑的心情。除了那番話，他一切的肢體語言都讓我感覺他是真心感到困惑，也是真心為我好。

我被激怒了。再怎麼親密的伴侶，揶揄對方的專業能力都是犯規。他似乎也意識到自己踩到我的地雷，氣勢有點退卻，卻還是不肯收回之前的話。我一再問他：「為什麼不道歉？」他終於開口：「妳這個人盧起來真是沒完沒了，一稱讚就會過度自滿。而且我一旦道歉，妳就會開始數落其他罪狀，讓我罪加一等。」

話說得真重，嗆出了我的眼淚。明明是這麼喜歡的人，他也很重視我，但我們之間的對話，就是無法像我與兒子的對話那般讓我感到滿足。

當我指責他把話講得太難聽時，他也無法同意。我們，注定只能用身體來溝通，確認彼此的溫度，來彌補語言的不足。

所謂戀愛，其實充滿苦難。像這樣因為語言衝突而受傷的男女，藉由肉體溫度來填滿鴻溝，也是愛情的真相之一。愛情，由沒有交集的男性腦與女性腦所產生，自然會陷入衝突與困惑的漩渦中。如果雙方能滿足於「談情說愛」的關係，就沒有發情的必要。

另外，羞恥心中其實隱藏了許多情緒。寂寞、高興、喜歡、討厭、欲望……只要說出口就能解決的事情卻開不了口，都是因為羞恥心。

也就是說，青春期開始萌芽的羞恥感，蒙蔽了我們率真的要求，攪亂了男女的對話，造成男女之間光靠對話無法滿足的狀態。只有肉體交纏才能彌補鴻溝。

這就是戀愛的本質，愛情的真相。

也是因為如此，彼此索求肉體的男女，永遠都是激怒彼此的男女腦。

兩個人之間若合得來也彼此相愛，同居之後會發展出關係良好的兄妹（或姊弟）般的親情，肉體的欲望會選擇向外探索。沒有走上這條路的人，漸漸地對生活中的爭執感到疲累，或厭倦了對方的樣子。能永遠持續的愛情，在世界上並不存在。

單身女性在心中描繪的夫妻，是永遠像戀人般的關係，但是相互取暖住在一起的平凡夫妻，在這樣的生活過了幾年後，不可能還維持戀愛中的激情。到哪裡都找不到這樣的案例。

趁著對彼此還有欲望的時候抓緊時間生育，以孩子為中心，成了關係融洽的家庭，這才是多數夫妻的真相。然後，聊得來的夫妻，性生活變得較少；話不投機的夫妻，維持著淡如水的性關係。關係不融洽的夫妻，沒有對話也沒有性生活，只以孩子的爸媽身分同居的夫妻也不在少數。

如果有單身的讀者，妳的愛人是有婦之夫，可以不用那麼痛苦。妳不用去忌妒他的妻子，把她想成是他的另一個愛人，只是比自己更受寵愛。當他與妳糾纏的時候，感情濃得化不開的時候，他不會想到家裡正在幫自己洗內褲的太太。當然，他和妻子間也不太可能再享有那種激烈爭執後的甜蜜火熱夜晚。

但是，愛上有婦之夫的女性最好別忘了，只要他的妻子還甘願守著他的家庭，他的大腦便不容許自己「討厭」妻子。如果妻子不是歇斯底里型自取滅亡，不管外面的愛人再怎麼鬧，他還是會維持自己對妻子的感情。

女人不和自己喜歡的男人住在一起，或許是種聰明的生活方式，可以享受細水長流的愛情。

但是，女人最好盡早思考自己要不要小孩、想要幾個小孩等問題。單親媽媽沒什麼不好，但同時面對父子倆也不錯。不生小孩的人，可以過著痛快隨意的人生，有小孩的可以享受另一種滋味的人生。

最後，如果妳是妻子。我的建議只有一個，讓自己生活過得悠哉一點。發現老公有小三，你也不用哭鬧，只要妳沒有主動出擊，男人是不會捨棄妳的。因為妳的存在就像他的母親。在這樣的關係下，妳對丈夫的感情也會逐漸褪色。

當然，如果妳已經「連一天都無法忍耐」，那斥責丈夫，不讓他過好日子就是上策。妳不用歇斯底里，只需要淡淡地用一兩句話來表達妳的失望，「什麼意思？」、「所以你是做了最壞的打算，才做這些事的嗎？」

當男性腦感到慚愧時，會對妳意外地順從。所以千萬記得，不用去恐嚇小三，不要自己去引爆事件。

其實，女人也可能發展婚外愛情故事不是嗎？有些女人受到上天眷顧，有人成為某個男人的心靈慰藉，接受金援；有人成為某個男人的戀愛對象，享受愛慕。對於這些發展，我不會阻止，因為羅織人生故事就像女性腦的醍醐味，阻止了一切只會讓女人變得不像女人。

夫婦之間沒有戀愛火花，有的情況是因為有個很糟糕的老公，但有時即使是模範夫妻也是如此。這時，如果妳在婚外找到戀愛的感覺，若狀況是前者或許可以大膽捨棄；如果是後者，建議妳先停下腳步想一想。即使是處得來的新戀人，幾年後也會變成現在妳與丈夫這樣宛如親人一樣的感情，激情會消失。或許還有一種選擇是，不離開家庭，也讓向外的戀愛故事走得淵遠流長。

這樣分析下來會發現，現代女性其實可以活出自己想要的生活樣貌。

所以，女人更需要知性作伴。戀愛感不是永恆的，所謂家人，過日子也少不了柴米油鹽，所以當妳和舊戀人成為家人關係，新戀人的一切看起來只有美好。把戀愛留在美好的當下，目標放在和家人發展出更成熟甜美的家庭關係，或許也是一條明智的道路？不過，成為故事主角時也不用感到慚愧，不妨盡情享受。

這方面，針對男性讀者我沒有什麼忠告，硬要說的話，我會建議男人對於女人的一切說詞，不用一一檢討。若你為了讓對方回心轉意做出改變，你的女人卻再次動搖時，就是家庭崩壞的時候了。因為她已經變心（或者說已經無心），不管你是好老公或是壞老公都不會改變什麼，當你已經不在她的故事之內，就無法再插足這個故事的發展。

這也是為什麼女性關係之外的事情對男人而言，是人生成果不可或缺的一塊，例如生意、研究、藝術等等。

今晚，祈禱世間所有的男女都能幸福，雖然你們腦中幸福的形貌是如此不同。

當個愛情大贏家！掌握戀愛腦，就能操控對方的心

- 因為語言衝突而受傷的男女，藉由肉體溫度來填滿鴻溝，也是愛情的真相之一。
- 單身女性在心中描繪的夫妻，是永遠像戀人般的關係。
- 戀愛感不是永恆的，所謂家人，過日子也少不了柴米油鹽。所以當妳和穩定的戀人成為家人關係，新戀人的一切看起來只有美好。
- 相互取暖住在一起的平凡夫妻，生活過了幾年後，不可能還維持戀愛中的激情。到哪裡都找不到這樣的案例。

幸福滿溢的時光

我十分享受身為女人的獨處時間。
這是我的人生中，
最優雅的一段時間。

戀愛腦指南

只要妳是幸福的，他便不會離開妳。

颱風夜，我家的金魚漂浮在水面上。

受到低氣壓的刺激，牠的腹部向上且鼓脹。其實金魚幾天前就有些異狀了，颱風的低氣壓，可能只是提早了牠的死期。

這支金魚是兒子一歲的時候，在祭典的撈魚攤位上獲得的贈品。牠存活了十年，身長長達二十五公分，寵物店老闆曾說如果長到這麼大，至少能活二十年，沒想到牠只活到一半的壽命。

平常穩重的兒子，難得地慌張了起來，「媽媽，快給牠換水！」為了拿水桶竟然在颱風夜要出去陽台，當然被我阻止了。無計可施的我們，在魚缸前並肩看著金魚慢慢走向死亡的樣子。

「我真厲害，居然能在這個地方吃零食、做作業。」

兒子淡然說道。我們家從廚房到玄關的長廊上，靠近門鈴的內側有一水族箱。

「什麼地方？」

「傍晚時，家裡會變得很暗，這個家有在動的只有金魚了，我待在這裡的話，媽媽回家一按電鈴，我就能馬上應門了啊！」

聽到這番話我才發現，這隻免費得到的金魚已經完全算是兒子的朋友了。有這隻金魚的背後支持，才有我這個職業婦女媽媽。

我們人類靠著各種生命維生，昨晚的晚餐是竹筴魚，中午吃牛丼，為了一隻金魚的死而傷感好像不符合我們的生活方式，即使試著這樣告訴自己，還是無法提振我們母子的心情。

這種時候，後悔沒有做到這個或那個是人之常情。魚缸水或海藻，如果當初更頻繁地幫牠更換就好了，或許能夠挽救一條性命，我們總是這樣後悔。

懺悔到後來有點無力，我想到，如果我現在死了，另一半會不會也後悔沒有和我一起完成哪些事呢？

我們約好要做、卻還沒完成的事情實在太多了。面對死者的悔恨比什麼都令人痛苦，因為絕對無法挽回或是以別種方式來完成。

對於我的死，他應該很愕然吧，想到男性腦的毫無防備，我不禁覺得他很可憐。

「如果媽媽先死了，你一定會因為沒有為我做到什麼事而感到後悔，這樣太可憐了，媽媽為了你要長命百歲。」

兒子一臉不以為意，「我已經為媽媽做得夠多了，所以沒關係。」哈，原來如此。

深夜，金魚已經一動也不動。我無法忍受家裡有一隻僵硬的金魚，便把牠帶到附近公園埋葬。雖然是颱風夜，但這樣我會比較安心。金魚畢竟是金魚，埋了牠以後，就不會再去想「當初是不是應該餵牠更貴一點的飼料」這樣的事情。不過，如果主角是喜歡自己的女人，故事會不一樣嗎？

我把對兒子說的話，對著另一半再說一次，心中料想他和兒子大概是半斤八兩。而對方一點反應都沒有，幾乎像是沒有聽到我的話。我想要問他現在心裡想到的人是誰，是他的母親嗎？但我沒有勇氣。我只好假裝我沒有說過那些話，同時心裡想的是，我果然需要為他活得更久。

在金魚死掉的半年前，我們家來了一隻蘇格蘭摺耳貓。她很像一隻套上了貓咪布偶的笨重母貓，跳上椅子的三次行動中總會失敗一次，連抓耳朵這種貓咪的得意姿勢，三次也有兩次會落空。她很像是別種生物，只是在假裝自己是貓。

明明擁有純正的血統，不能活得像貓一點嗎？我不禁很想吐槽這個小孩。在寵物店裡，兒子與這個小孩一場命運的四目相接，讓她來到我家。當時隔壁是一隻銀灰色美貓，當我這個母親正想導正視線時，兒子的眼睛已經盯著她不動了。

兒子的眼淚啵啵地掉下來，顫抖地說，想把這個孩子帶回家。

當時，她還是身長不足二十公分的幼貓，小小的白色身體，只有茶色尾巴的毛較蓬鬆，看起來不太可靠。

這隻貓，活得足歲的話大概可以活到十二、三歲吧。十歲的少年，接下來會開始變聲，度過他的青春期，還有戀愛。在面對世界上各種不合理的多愁善感年紀，身邊有一個可以陪伴他的可愛生命，好像也不錯。

「明天，你和爸爸一起來買吧。她要成為家裡的一分子，不是我單方面可以決定的。」

「會不會先被賣掉了？」兒子不安地說。

「是和你有緣的貓，一定不會被賣掉。如果她被賣掉了，或許和你更有緣的貓就在那旁邊也說不定啊。緣分，就是這樣巧妙。」

「那就算了。不是那隻貓我不要。」

「看來我今天要失眠了。」剛說完這句話的人，不到五分鐘後便鼾聲大作，但似乎不肯靠著我睡。

當兒子大學畢業離開這個家，已經變成老婆婆的貓會被留在這裡。我大概會和這隻老貓在沒有兒子的空間中慢慢習慣這一切。然後，當她習慣了，也是他失去她的時候了。

在今晚，我知道我的人生進入了下半場。

沒想到當下的心情並不是憂傷。反而是一種溫柔、寵溺，充滿幸福的感覺。我為此感到欣慰，竟無法成眠。

此刻，看到這篇文章的讀者中，如果是三十幾歲的女性，對於變老這件事多半會感到憂心，也覺得變成四十歲很恐怖。美貌確實會衰退，也沒有男性對自己感興趣，是不是覺得自己像是被擠到了舞台邊邊的角色，不再是耀眼的主角了呢？事實不然。

所謂變老，其實是變得更輕鬆。妳會看清楚人生的真相，不再容易動搖。妳會知道對自己來說，什麼才是值得高興的，受他人稱羨這種事情微不足道。勉強自己接受某種規範，最後也不會達成任何成就。

三十幾歲的妳，雖然費盡一切努力不讓自己被擠到鎂光燈外，是否又隱約感覺這個舞台本身是沒有意義的呢？這時妳需要走下舞台，前往上方的貴賓席。

在那裡，只有對妳來說重要的人，妳也受到所有人的重視。那裡沒有炫目的舞台燈光，但是也不昏暗。至始至終，都身在穩當的光線照射下。

妳問要怎麼做才能進到那裡？

首先，要變老。再怎麼聰明、再怎麼誠實的女性，三十幾歲的時候也不會來到這一區。我們的大腦，只有時間能讓它成熟。（不過，歷經瀕死經驗的大腦，當下一秒的時間在腦內會像是過了數年，所以接近死亡的大腦另當別論。）

隨著年齡增長，有要準備的功課。

首先，要將你所見的、所感受到的事物，都映照在心裡。這不是為了別人、想被誰認可，或是因為羨慕誰、想受到誰的讚美，也不是為了贏過誰、不被誰冷落、不被誰嫌棄……要將這些價值觀都拋棄。

只把那些會讓自己心情好的、自己認同的、能讓自己神清氣爽的人事物留在身邊。然後，旁邊再擺一個資料夾，納入「不會讓身旁重要的人感到不愉快」的人事物。

在職場上，受到金錢束縛，且必須接受他人價值觀，一開始要做到這件事或許會覺得很困難，這樣的話不妨從私生活開始。例如，家具的位置、牙刷的使用方式、書架上書本的排法、陽台上放的觀葉植物等，全部以「真的會讓我開心嗎？」的觀點重新審視。袖口太緊的名牌西裝、交際應酬、每到傍晚就暈開的眼線……這些真的會讓我感到開心嗎？生活中的例行公事，換個方式有可能做得更快樂嗎？那些不會讓自己開心的事，就大膽拋棄吧。無法拋棄的，就將它徹底地合理化。

只要習慣這個思維，職場上也能如法炮製。大腦很有趣，它連結感官基本機能的運作方式其實很簡單，而人人皆是如此。對於某個個體的大腦（其實就是指你）而言，會感到心情愉悅的空間配置，或是工作方式，其實對其它的大腦而言也是如此。過度在意他人評價才會生出傲慢與虛榮，如果以「會讓自己開心」的基準來看，生活中根本沒有讓傲慢或虛榮介入的餘地，讀者只要試過就會理解這個道理。

三十幾歲的時候，我們還需要花費精力去尋找「會讓自己開心」的事物。例如，如果經濟許可，可以找一間自己喜歡的裁縫店訂做一件剪裁良好的套裝，這件事值得每個成熟女性體驗一次。是人去配合衣服，還是讓衣服來襯你，這幾乎是哥白尼的天體運行論式[1]的反轉了。

良好的服飾設計，會將中年女性圓潤的肩線或腰際修飾成成熟女人的線條。與穿著氣質套裝的中年女性相比，年輕女生的纖細身體看起來反而缺少品味。

名牌服飾，是以掛在衣架上能夠呈現最美姿態為目標來生產（為了讓客人願意出高價購買，這是理所當然），但是掛在衣架上一百分的衣服，穿在纖瘦的身體上剩八十分，當然更不適合圓潤的身體了。為衣架而製的服裝，為了買它付出大把鈔票，然後為了讓身體更纖細而減肥，這一切是否太不合理了呢？

與精品服飾孤獨的試衣間相比，裁縫店貼身丈量的經驗要愉快得多。被名牌衣服否定的身體線條，會被縫製的衣服撫慰。「我的手臂再細一點就好了。」當妳發出如此嘆息，裁縫師會告訴妳：「手臂窄的西裝上不了檯面，妳再多一點肉都可以。」

訂製服的意義，在於這會令妳愛上自己的身體線條。如果身體要去配合名牌衣服，妳只會用減法來看自己。當世界上的理想體型是基準，其他的都是負數。如果大家所謂的理想體型就是「衣架子」，甚至不是肉體，這會不會更過分？

有餘力的話，或許也可以重新看看和服的魅力。和服，在穿上它之

1 哥白尼（Nicolaus Copernicus，1473—1543），波蘭天文學家，他發表地動說，提到太陽是宇宙中心，而不是地球，被視為現代天文學的起點。

前的準備工作包括挽髮、穿上內襯、穿衣的站姿、下擺的調整等等，只有半吊子的知識不可能穿戴完成。對於和服的一切知識，我沒能好好從母親身上學會，實在不敢多說什麼。但是，視季節、場合穿著合宜的和服，正是蘊含深厚教養的證明。和服，是國際舞台上的日本熱門服飾。

如果妳很幸運，有一個深諳和服穿戴技藝的母親，請讓她好好傳授妳一回吧。

成熟的女人，應該更受到重視。要被重視，一開始或許可以從形式上著手。即使沒有亮出頭銜，女人若氣質高雅，首先在公眾場所就不容易被輕蔑，連餐廳帶位的桌位都會跟著不同。帶位人員不會讓身著高級服飾的女性坐在靠近入口處，他們深怕會發生什麼疏失。

座位對了，在店家容易照顧的位置，自然也能獲得良好的接待。面對妥善的接待，客人會報以微笑與謝意。這就是有氣質的服裝，以及有氣質的言行舉止。

這樣的女性，對店家來說比任何用品更能提升商店的格調，是真正的上賓。形式帶來的氣質，不是任何人都可以隨便仿造的。

接著，我整理一下。三十世代的女性需要體驗的包括：第一、用內心的鏡子看待事物。第二、經濟上奮力一搏，挑戰有品味的環境或物品。第三、養成一些會使自己受到重視的習慣。

一開始，或許看起來沒有任何變化，但漸漸地妳的周圍會出現變化，只有重要的東西會圍繞在妳身邊。

在這個經驗下，我正在享受我的四十歲。身旁有溫文儒雅的男士陪伴，歲月靜好。我不再迷惘，不用尋找自己，也不會浪費時間揣測對方的想法。另外，我十分享受身為女人的獨處時間。這是我的人生中，最優雅的一段時間。

幸福滿溢的時光。

接下來，有幾點需要複習一下。

能在進入三十世代前了解自己的脾性、找到心中那個美好的自我核心的，只有女性腦。因為女人在還沒懂事之前，就一直在凝視自己了。

男性能看到自我，大概要等到三十五歲之後的年紀。如果妳的另一半和妳屬於同世代，妳的人生暫時還無法走上貴賓席，因為舞台上的人還渴望活在鎂光燈下。

女人四十，在這個耀眼的時間裡要能找到契合的同伴，一個可能是女性友人，另一個就是年齡差距較大的年長男子。即使妳將自己領略的人生本質與同世代的丈夫或情人分享，也不會得到共鳴。男人與女人之間永遠的那條鴻溝就存在於此。

但是，就此放棄妳的男人也有點可惜，因為，在有點遙遠的將來，妳重視的男人也將領略「自己的心境」。青春期前夜被封印的場域將被打開，而這段時期伴隨在他身邊的母親，也停止扮演母性角色。

四十歲的女人，面對熱愛工作、忽視另一半的情人，可能還要再忍受一陣子。等他終於找到自我的平衡，身旁的妳所扮演的母性角色就顯得相當重要。這有點像是有了另一個麻煩兒子，要將他培育長大。

我的另一半已經比他同世代的男人都還要成熟，但這樣的他依然熱衷於商場遊戲，在工作上興奮地廝殺時，早已顧不得真實的自我。他只有那一點點的空檔時間是待在我身邊，而其中交談是少之又少。我不清楚他平日飲食吃的是什麼，他也不知道我日常生活中發生的事情。

但是，這樣很好。無論他的眼睛或聲音，或是觸碰時的感覺，我都覺得很好，我在這段時間中感覺充滿幸福。只要妳是幸福的，他便不會離開妳。然後，在人生的終局，當他找到自我時，我會在他身邊，輕輕地給他擁抱。我是除了他的母親，可以跟他分享快樂的女人，也是他最好的朋友。

這麼好的女人，大概不存在吧。長男性格的他，一直把我當成妹妹在守護，就算我說了什麼不中聽的話，他也把我看成涉世未深的小姐，不會當真。也許，他根本沒有認真讀過我的文章，根據他的說法，我的文章鋪陳太深。

他會讀到這篇文章，大概還要二十年後吧。在我死後，一邊讀一邊掉淚，雖然為時已晚！不過，記得結論是「我不在意」。總之，現在的我和這個人一起過著幸福滿滿的日子。

幸福感，對於這樣女性腦的快樂，男人的角色既重要，也不重要。

當個愛情大贏家！掌握戀愛腦，就能操控對方的心

- 看清楚人生的真相，不再容易動搖。知道對自己來說，什麼才是值得高興的，受他人稱羨這種事情微不足道。首先，要變老。再怎麼聰明、再怎麼誠實的人，三十幾歲的時候也不會來到這一區。我們的大腦，只有時間能讓它成熟。
- 邁入三十世代，需要體驗的包括：①用內心的鏡子看待事物。②經濟上奮力一搏，挑戰有品味的環境或物品。③養成一些會使自己受到重視的習慣。
- 人生終局，當男人找到自我時，女人會在他身邊，輕輕給他擁抱。是可以跟他分享快樂的女人，也是他最好的朋友。

結語

用戀愛腦創造兩人的幸福時光

這本書，是二〇〇三年出版的《LOVE BRAIN》文庫本，當初鎖定的讀者是三十世代與四十世代的女性。

書籍出版後，我收到廣大年齡層的讀者溫暖來信，年紀最大的一位是七十九歲的女性。她在信上寫著，「結婚至今五十五年，我一直以為話少的先生是個傲慢的人，雖然心裡恨他，但還是一起生活到現在。當我理解了男女大腦的差異，我才明白這是他的一種誠實表現。看完書，我第一次覺得這個人很可愛。以後，我會更珍惜和先生相處的時間。」

她的字跡優雅，我猜想即使為丈夫的樸實木訥所苦，她溫柔的個性依然讓她選擇扶持先生至今吧。當我想到那一個人忍耐的歲月竟是如此漫長，不禁紅了眼眶。

不過，信中沒寫出來的是，那個先生一定也在許多地方受到妻子的冷落。寡言的先生從今天開始會更受到妻子重視，真是太好了。

先生誠實地愛著妻子，他一定沒想到，妻子卻被這份誠實所傷。我猜先生如果看到這封信，一定也是非常驚訝。

會發現男女大腦的差異，與我個人AI人工智慧的研究工作有關。當時我們為了開發機器人的對話功能，必須分析人類透過對話能夠達到什麼樣的滿足。當我發現能滿足男人與女人的對話，也就是男女偏好的對話形式完全不同時，不禁大吃一驚。

再繼續追查下去，我發現男人與女人看待事物的方式也截然不同。

技術如果不到位，結論勢必會發展成我們得將機器人分成適合女性款和適合男性款，因為沒有機器人可以同時與兩種性別的人類幸福共處，這件事非常嚴重！

因此，這涉及了一個終極的大哉問：男人和女人，一起生活有可能幸福嗎？

多年來研究的結果每每令人感嘆。啊！男人的誠實反應卻被妻子認為遲鈍！不管是哪一方，這件事都太吃虧了。我希望這個研究結果能讓更多的女性更幸福，比起在學會上發表，更希望能將內容成書，才有了今天這本書。

沒過多久，新潮社的三室洋子女士便提出邀請：「要不要到新潮文庫出版？」我問，「新潮文庫？是那個在圖書館裡占了一整面書牆，歷史悠久的新潮文庫嗎？」

「對，就是那個新潮文庫。」對方答道。

原本理應成為論文的內容，能夠問世已經很感激，沒想到還是交由新潮文庫出版，這是我人生最大的驚奇。

這也代表著有多少男男女女為了「男女之間的鴻溝」感到悔恨。

在此，向催生本書的 PHP Editors Group 的北村綠女士，以及為本書推出文庫本讓男性讀者也能輕鬆閱讀的三室洋子女士再次致謝。

我衷心期盼，這本書能為無數身於「鴻溝」兩端的男女搭起可愛的橋樑，以聊表我對各位讀者的謝意。

打造戀愛腦

【男女關係學必讀】以戀愛腦作為武器，當個愛情大贏家

恋愛脳　男心と女心は、なぜこうもすれ違うのか

作　　者　黑川伊保子
譯　　者　周天韻
主　　編　林玟萱

總 編 輯　李映慧
執 行 長　陳旭華（ymal@ms14.hinet.net）

社　　長　郭重興
發行人兼出版總監　曾大福
出　　版　大牌出版 / 遠足文化事業股份有限公司
發　　行　遠足文化事業股份有限公司
地　　址　23141 新北市新店區民權路108-2號9樓
電　　話　+886- 2- 2218- 1417
傳　　真　+886- 2- 8667- 1851

印務經理　黃禮賢
封面設計　兒日設計
排　　版　新鑫電腦排版工作室
印　　製　成陽印刷股份有限公司
法律顧問　華洋法律事務所 蘇文生律師

定　　價　360 元
初　　版　2020年8月

國家圖書館出版品預行編目資料

打造戀愛腦【男女關係學必讀】以戀愛腦作為武器，當個愛情大贏家 / 黑川伊保子 著 ; 周天韻 譯. -- 初版. -- 新北市 : 大牌出版 : 遠足文化發行, 2020.08
面；　公分
譯自：恋愛脳—男心と女心は、なぜこうもすれ違うのか
ISBN 978-986-5511-34-0 (平裝)
1. 兩性關係　2. 戀愛　3. 腦部

544.7　　109010527